L'empereur, c'est moi

L'empereur, c'est moi
se prolonge sur le site www.editions-iconoclaste.fr

L'Iconoclaste
27, rue Jacob
75006 Paris
Tél : 01 42 17 47 80
iconoclaste@editions-iconoclaste.fr

© L'Iconoclaste, Paris, 2013
Tous droits réservés pour tous pays.

Hugo Horiot

L'empereur, c'est moi

Postface de Françoise Lefèvre

L'Iconoclaste

*À ma mère, qui m'a mis au monde une seconde fois.
À mon père bien-aimé, avec reconnaissance.
À mes sœurs Hermine et Olivia,
avec ma tendre complicité.
Et à ma sœur Rebecca qui a enduré les pires colères
du petit prince cannibale, avec mon affectueuse gratitude.*

*À Jean-Jacques Pauvert, mon premier lecteur,
pour son inestimable soutien.*

*« Seulement n'oubliez pas ceci : il faut que le songeur soit
plus fort que le songe. Autrement danger. »*
Victor Hugo, *Le Promontoire du songe*

I
BIG BANG

Des chiffres et des lettres
dans les étoiles

Je m'appelle Julien. Julien Hugo Sylvestre Horiot, mais on m'appelle Julien. J'ai quatre ans. Je suis très sage. Trop sage. Quand quelque chose ne me plaît pas, je me mets en colère. Trop en colère. Je crie. Je crie, mais sans paroles.

Je ne parle pas.

Souvent, je fais des gestes répétitifs. Ce que j'aime particulièrement, c'est les roues. Sans doute parce que la Terre tourne sur elle-même, que la Lune tourne autour de la Terre, qui tourne autour du Soleil. Ça, c'est mon père qui me l'a dit. Mais le

Soleil, autour de quoi il tourne ? Ça, il ne me l'a pas dit. Peut-être parce que je ne lui ai pas demandé ? De toute façon, je ne demande jamais rien à personne. Je connais l'ordre des lettres. Je sais même comment on fabrique des mots avec, c'est ma mère qui me l'a appris. Ensemble, nous avons dessiné l'alphabet et les chiffres sur le mur de ma chambre. Je sais compter aussi. Très loin et très vite. Je peux compter dans ma tête toute la journée si je veux. Sans m'arrêter. Mais je ne parle pas, pas même à ma mère. Le seul avec qui je prends la peine de parler, c'est mon pire ennemi : Julien. Uniquement en tête à tête quand je suis seul avec lui. Je le hais. Je vais le tuer.

Je sais très bien que je vais mourir.
Tout ça continuera sans moi.
Et je ne renaîtrai pas.
Pas comme ça.

Bref, j'ai quatre ans et j'en suis là.

Les roues et moi

Tournent les roues des petites voitures. Tourne la roue de la charrue du tracteur. Tournent les manèges. Tournent la Terre, le Soleil et les astres.

Moi je tourne des roues. Dès que je peux, toute la journée. Le monde tourne, alors je tourne. Je marque la pulsation du temps qui passe. Je sais très bien que si je tournais plus vite, le temps ne s'accélérerait pas. Alors je garde une vitesse constante. Vitesse de croisière. Celle qui sied le mieux à mon bras, à mon corps. Sans doute la même vitesse que mon pouls. Ainsi mon cœur bat au rythme de la Terre qui tourne. Le reste de l'Univers tourne également, formant ainsi l'infini qui est sans doute une affaire de cercles et de sphères qui tournent les uns dans les autres, créant ainsi le mouvement de la vie faite de naissances, de morts et de renaissances.

Je sais très bien que je vais mourir.
Tout ça continuera sans moi.
Et je ne renaîtrai pas.

Aujourd'hui, nous sortons. Ma mère m'a habillé avec ma chemise blanche satinée et mon pantalon en velours côtelé bleu. Je me sens bien. Sur la place du village, il y a un manège… qui tourne. Je n'ai jamais vu une roue aussi grande. Sauf la Terre, mais la Terre est si vaste qu'on ne la sent pas tourner. C'est ma grande frustration. J'aimerais tellement sentir son mouvement. En serais-je capable un jour ? Acceptera-t-elle de me livrer son secret ? J'ai quatre ans et je ne sais toujours pas ce qu'il y a au centre de la Terre.

Personne ne le sait exactement. Cette situation n'est pas tenable. J'enrage. Patience.

Je t'aime la Terre.
M'aimeras-tu en retour?
Je crois que oui.
J'espère que oui.
Ce sera oui ou rien!

Me voici en position de départ sur cette grande roue. Ça y est, je suis sur le manège. Le mouvement s'enclenche. Voilà que moi aussi je tourne. Enfin! Je tourne! J'observe la colonne centrale recouverte d'une mosaïque de glaces où dansent les reflets de la lumière et du mouvement. Je regarde à l'extérieur; le reste du monde défile. Enfin! Je bouge avec la Terre! Mon regard revient au milieu et se fixe sur la mécanique de l'axe central. Certaines roues tournent en sens inverse du manège pour l'entraîner dans sa rotation. À ce moment-là, je me demande si le noyau de la Terre... Mais voilà que ma mère me prend la main et la glisse sur la crinière du cheval en bois.

Retire ta main!

Je suis en train de réfléchir à des choses importantes! Plus importantes que le cheval en bois! Il est très beau ce cheval en bois, mais j'en ai déjà un à la maison! Un pareil! Je m'en fous du cheval en bois! Ce n'est pas lui qui fait tourner le manège!

Je remets vivement ma main sur la barre de fer qui bouge elle aussi, mais de haut en bas. Mouvement régulier qui bat la pulsation du monde. Voilà. Je suis dans le mouvement. Donc je disais… Ah oui! Et si le noyau de la Terre tournait lui aussi à l'envers? Mon regard revient vers l'extérieur. Je suis comme la Lune ou un de ces nombreux astéroïdes et satellites qui tournent autour de la Terre. Je commence à faire un bruit de moteur avec ma bouche qui ne parle pas. Le même bruit de moteur que fait le tracteur. Ça y est. Je suis la machine, je suis le manège. La Terre tourne en moi et je tourne en elle. Enfin! Il se passe quelque chose!

Nous ne faisons qu'un.

Voici qu'on m'arrache au manège. C'est l'homme de la fête foraine, le grand mécanicien de ce monde-là. Je suis déchiré. Retour dans ma poussette. Retour à la case départ. Le manège tourne sans moi. Je garde cette sensation au fond de moi. Sensation de la gravité, sensation de la force centrifuge. J'ai touché l'infini, j'ai touché l'éternité.

Un jour j'y retournerai.

Le tracteur

À la maison, il y a un tracteur. Orange. Mon père m'emmène souvent dessus. Ça vibre, ça fait du bruit, un bruit si régulier et permanent qu'on finit par ne plus l'entendre. Les vibrations aussi sont régulières, un peu comme un chat qui ronronne. Je suis assis sur les genoux de mon père, qui est assis sur le siège du tracteur. Ensemble, nous sommes le tracteur. Nous retournons la terre avec le rotovator, nous traçons des sillons avec la herse, et de temps en temps nous coupons les hautes herbes de la prairie avec le girobroyeur. Parfois, je descends du tracteur, je trouve une branche. Il faut surtout que la branche se divise en plusieurs griffes au bout, sinon ça ne peut pas marcher.

Ainsi je vais, traînant ma petite herse derrière moi en émettant le bruit du tracteur avec ma bouche qui ne parle pas. Je suis un tracteur ; plus petit, mais un tracteur quand même. Je trace des sillons, biens parallèles à ceux que trace mon père. Aller et retour, plusieurs fois, sur toute la surface du potager. Ce sont de tout petits sillons, mais je sais que je l'aide. Je ne parle pas, mais je suis avec lui.

Les tuyaux

J'aime les tuyaux. Leurs sons subtils. Lointaines résonances. Sous le lavabo de la salle de bains, il y en a. Je pourrais aussi m'accroupir sous l'évier de la cuisine mais il y a trop d'agitation, trop de lumières et trop d'odeurs là-bas. Silence, calme, immobilité sont indispensables pour écouter les tuyaux. Bruits d'écoulements... la tuyauterie éructe, gargouille et sommeille. Le robinet du lavabo juste au-dessus de ma tête est pourtant fermé. Ma mère est à côté de moi, donc je sais que ça ne vient pas non plus de la cuisine, mais de plus loin encore. Ce que j'entends en collant mon oreille peut venir de l'autre bout du monde. Je ne veux rien rater. Les tuyaux vont toujours très loin. Ça aussi je le sais, car je vois où ils commencent, mais jamais où ils aboutissent. Ou serait-ce leur extrémité qui dépasse, et leur amorce qui ne serait pas visible ? Je penche plutôt pour cette solution-là, puisque l'eau jaillit du robinet et non pas le contraire. La source doit être très loin derrière le mur, sous nos pieds, enfouie dans la Terre.

Les tuyaux ne montent pas au ciel. Ça aussi je l'ai remarqué. Ils descendent tous dans la Terre. Tous les tuyaux de la Terre sont reliés les uns aux autres et forment le grand réseau. Je suis sûr que si on creuse, les tuyaux se réunissent pour former des tuyaux plus gros qui eux-mêmes vont former des tuyaux encore plus gros et ainsi de suite. Peut-être même vont-ils jusqu'à se réunir en un seul tuyau, énorme, gigantesque, long de plusieurs kilomètres ? Et cet énorme tuyau… où va-t-il ? Sûrement au centre de la Terre. À l'intérieur, le plus loin possible à l'intérieur. Je sais que les ruisseaux forment des rivières qui forment les fleuves qui se jettent dans la mer qui elle-même se donne à l'océan. L'océan couvre plus des trois quarts de la Terre, tout comme l'eau dans le corps humain. Quand je regarde mon bras, je vois des veines, qui se réunissent pour former d'autres veines plus épaisses. C'est mon père qui m'a dit tout ça. Il est médecin, donc je sais qu'il a déjà vu les gens à l'intérieur. Il m'a dit aussi qu'à l'intérieur de nous existent des boyaux. Dans le ventre surtout. Au milieu.

Boyaux – tuyaux. C'est pareil. Et dans notre corps tout se rejoint dans le ventre, au milieu, comme les tuyaux qui s'enfoncent dans la Terre. Logique. Les humains et la Terre viennent tous de la même matière : de la poussière d'étoile. Ça aussi, c'est mon père qui me l'a dit. Maman m'a dit qu'avant j'étais dans son ventre, au milieu. C'est d'ailleurs le cas de tous les enfants. Je veux y retourner, mais pour ça il faudrait que je trouve un tuyau assez gros ou alors que je lui ouvre le ventre mais si je le fais, elle aura très mal et ça la tuera. Alors je n'ai pas le choix. Il faut que j'aille au centre de la Terre.

Dans la cour, devant la maison, il y a un puits. De temps en temps, mon père y descend pour aller ouvrir ou fermer des robinets. Je ne peux pas y aller parce que le couvercle de métal qui en bouche l'entrée est trop lourd. Les barreaux de l'échelle en fer fixés dans la pierre sont trop espacés pour moi et si je saute dedans, je vais me noyer. Surtout ne pas mourir avant d'être arrivé à destination. C'est hors de question. L'échec n'est pas envisageable.

Dans la forêt qui entoure notre maison, il y a des grottes. Ces grottes n'ont pas de galeries; elles ne sont pas naturelles. Ce sont les hommes qui les ont construites. Elles servaient de chambres froides à l'époque. Mon père m'a souvent raconté des histoires de spéléologie. C'était avant, quand il descendait dans la Terre. Il est allé très loin, très profond. Il m'a parlé de gouffres, de galeries, de rivières souterraines. Il m'a parlé aussi de cathédrales enfouies. Il en a découvert une qui ne porte pas son nom, mais celui de son compagnon qui n'est jamais remonté. Il m'a montré aussi des pierres rares qu'il a rapportées des profondeurs. Et pourtant, malgré tous ses voyages dans les entrailles de la Terre, même lui n'a jamais pu trouver le centre, le noyau, le milieu.

Mon père est en voyage. Il n'a pas le temps de m'emmener dans la Terre. D'ailleurs, il n'y va plus. Et je me dis que même s'il m'emmenait un jour, il voudrait me protéger de tous les dangers. Nous finirions par remonter à la surface. Alors moi qui suis si petit, comment vais-je faire ? Attendre d'être grand ?

C'est trop long. Mon choix est fait.
Ce sera le ventre de maman.

Je ne veux pas tuer maman ni lui faire de mal en lui ouvrant le ventre, alors il me faut redevenir infiniment petit. Je vais donc cesser de manger, enfin, je vais manger juste l'essentiel pour ne pas mourir. Uniquement de la soupe, du liquide et du fromage blanc. Ni viande, ni poisson, ni gâteau, ni bonbons. Ne rien mâcher. Je finirai peut-être par ne plus avoir de dents, comme les nouveau-nés. Ça voudra dire que je serai sur la bonne voie. Pas de fumée sur mon assiette. La fumée, c'est de l'air en trop. Si j'avale la fumée, je risque de gonfler… comme un ballon. Et les ballons, ça éclate.

J'inspire déjà assez d'air pour rester en vie. Il faut néanmoins que j'essaie d'en expirer plus que j'en inspire. Rester aussi en apnée quand je peux. Le moins d'oxygène possible. Le minimum vital. Comme les cosmonautes ou les scaphandriers. Mais attention! Surtout ne pas mourir avant d'avoir réussi ma mission. Et ma mission, c'est de retourner dans le ventre de maman. C'est la règle que je me suis fixée et je la suivrai jusqu'au bout. Jusqu'à la victoire, jusqu'à la réussite.

Il ne faut évidemment pas parler. Si je parle, je grandirai. Si je parle, je peux donner des indices. Si je parle, je peux me trahir. Pas de risques inutiles. Je dois garder le contrôle de la situation. Ce plan doit rester secret. Même maman ne doit pas savoir parce que je ne sais pas si elle sera d'accord. Quand ce sera le bon moment, quand je serai prêt, alors là et uniquement là, j'agirai par surprise à la vitesse de l'éclair.

Je retrouverai mon royaume perdu.

Vert carrelage brillant

La porte s'ouvre toute seule. Je me suis toujours demandé comment ça marchait. On me dira plus tard que ça s'appelle un œil magique. L'œil te voit et il ouvre la porte… comme par magie. Il y a un grand essuie-pieds noir qui couvre tout le sol de la petite salle que nous traversons. C'est un sas d'entrée. Ensuite un autre œil magique nous voit et ouvre une seconde porte, identique à la première. Nous arrivons dans une très grande pièce : le hall. Sur notre droite, il y a des femmes derrière des vitres, qui pianotent sur des ordinateurs. Mais nous c'est à gauche que nous allons. Le carrelage est vert et brillant, avec quelques nervures blanches, mais ce n'est pas du marbre. J'en suis certain. C'est propre. Trop propre. Maman est avec moi. Elle me tient par la main ou alors elle me porte. Des fois je suis dans une poussette, c'est ce que je préfère.

Ascenseur, couloirs, sol blanc. C'est le même carrelage mais blanc, avec des petites nervures grises. Même sol, autre couleur. Même endroit, autre zone. Dans ce couloir, il y a plein de portes. Toutes identiques. Nous nous arrêtons devant l'une d'entre elles, toujours la même, des fois elle est ouverte. Nous arrivons dans un bureau sombre ; stores baissés, lumière filtrée. Un lieu où l'on s'ennuie. Le sol a encore changé. Cette fois, c'est une moquette bleue. Nous sommes arrivés à destination, alors je dois vérifier le sol qui va nous porter le temps que nous serons là. Certains craignent que le ciel leur tombe sur la tête, moi j'ai peur que ce soit le sol qui s'écroule sous nos pieds et nous aspire. C'est normal : je ne sais pas ce qu'il y a en dessous. Je me jette par terre afin de sentir le sol avec tout mon corps et d'y appliquer tout mon poids. C'est une bonne technique : j'ai vu un documentaire, une fois, sur un couple d'explorateurs qui marchait sur les volcans. Là-bas, le sol est très dangereux. Le mari passait toujours en premier. Étant donné qu'il était deux fois plus lourd que sa femme, elle savait que là où il marchait, elle pouvait le suivre sans risques. Mais attention : surtout exactement dans ses pas, afin d'éviter une mort probable. L'inverse n'était pas possible.

Une fois, maman m'a dit d'être vigilant avec les ascenseurs et de toujours vérifier avec un pied comme lorsqu'on évalue la température de l'eau avant de se baigner. Maman est vraiment inconsciente de vouloir rentrer dans une pièce avant que je n'aie vérifié la fiabilité du sol. Je vérifie la moquette bleue en me jetant à plat ventre dessus ; rien ne s'écroule, tout va bien. Il y a une dame dans le bureau. Elle porte une blouse blanche et une jupe beige, elle a des cheveux gris-blanc, courts, comme sa jupe. D'autres fois, elle porte des pantalons. Elle est très propre. Maman, elle, a des cheveux longs, et porte toujours des robes longues. Cette dame a l'air d'être l'opposé de maman. Quand elle parle, je ne l'entends pas. Je pense qu'elle croit que je suis un enfant. Je ne suis pas un enfant, même si je leur ressemble. C'est vrai, je suis aussi moche et petit qu'eux, mais je ne suis pas comme eux. Dans le bureau, il y a des jouets. Ils sont nuls. Ce sont des jouets pour les enfants nuls. Maman parle avec la dame. Je sais qu'elles parlent de moi. Je ne sais pas vraiment ce que nous faisons ici. Ce lieu me semble être une cabine isolée, immobile, fermée et feutrée, où rien ne bouge, où rien ne peut se passer. Ici, je suis coupé du monde et de l'infini. Je m'ennuie. Dans le hall d'entrée, là où il y a le carrelage vert, j'ai vu une boutique avec d'autres jouets en vitrine. Ils sont mieux. Ils sont même très intéressants. Il y a notamment un lot comprenant une voiture type berline, un 4 x 4 et un hélicoptère, le tout bleu foncé. Je les veux. Je sais que nous repasserons devant la vitrine en sortant. Je les montrerai à maman pour qu'elle me les achète.

Plus vite que la lumière
ou
Le jardin des cons

C'est un endroit qui s'appelle le jardin d'enfants. Le bâtiment est surplombé par un grand carré argenté avec des motifs carrés dedans. À l'intérieur, il y a plein d'enfants qui s'agitent. Maman me laisse là-bas deux fois par semaine. Elle me dépose le matin et me récupère en fin d'après-midi. Entre les deux, je suis dans le carré. Les nounous qui s'occupent de nous ont des pulls moches et veulent me forcer à manger. Elles m'ont mis de la viande dans la bouche, alors je l'ai gardée dans ma bouche tout l'après-midi jusqu'au soir. Quand maman est venue me rechercher, elle a trouvé que j'étais bizarre, elle a compris. Elle a mis sa main sous mon menton et m'a dit de recracher, ce que j'ai fait, soulagé.

Elles veulent aussi que je fasse comme tout le monde. Par exemple, il faut chanter «Ainsi font, font, font les petites marionnettes» en bougeant les mains. Ridicule. Ça ne sert vraiment à rien. Alors moi, je ne fais rien. Je veux juste qu'on me laisse tranquille. Elles essaient toujours de me faire parler. Elles pensent que je ne parle pas. Moi, je n'ai rien à leur dire.

Une fois, je suis sorti très en colère contre elles. Alors quand maman est venue me chercher, sur le pas de la porte, dès que j'ai mis un pied dehors, j'ai ouvert la bouche et j'ai déclaré haut et fort pour qu'elles m'entendent bien :
— Il est con ce jardin d'enfants ! Je ne veux plus y aller !
La colère a fait sortir ces mots de ma bouche. Ma bouche que je referme aussitôt. Je veux juste qu'elles sachent que si je ne parle pas, c'est parce que je n'en ai pas envie. À partir de là, les nounous ont fini par comprendre et elles m'ont laissé en paix.

Pendant qu'elles entraînent les autres enfants dans la ronde des poussins, moi je fais le vilain petit canard. C'est beaucoup plus intéressant. Je tourne des roues toute la journée, mais ça ne fait pas passer le temps plus vite. Alors je me concentre sur ce geste circulaire qui me propulse vers l'infini, loin des autres, loin de ce monde-là.

Je pars. Je pars très loin. Je fais des kilomètres et des kilomètres avec ma roue. J'ai dû tourner des millions de kilomètres avec cette roue bleue, peut-être même suffisamment pour sortir de la galaxie et m'éloigner encore plus loin de ce carré qui m'étouffe. Là où je vais, vous ne me rattraperez jamais. Il vous faudrait dépasser la vitesse de la lumière pour ça, et, jusqu'à présent, personne n'y est encore arrivé, à moins de se dématérialiser pour devenir de la poussière d'étoile. Moi, c'est là où je vais. J'ai quatre ans et je veux rejoindre la poussière d'étoile pour tout recommencer au début.

Mais avant le début, il y a quoi ?

Le téléphone rouge

Aujourd'hui, maman m'a offert un téléphone. Rouge. J'aime les cadeaux de maman. Ils sont toujours intéressants et très beaux. Pas comme les jouets que m'a montrés la dame de l'hôpital. La dernière fois qu'on y est allés, j'ai donné un grand coup de pied dans ses jouets. Parce que je ne voulais pas jouer avec elle. Elle m'énerve. Il faut arrêter de me prendre pour un enfant.

Maman pose le téléphone devant moi. Je la vois, mais je ne la regarde pas. Pourtant, je sais qu'elle me sourit. Je le sais très bien. Elle veut me faire plaisir. Je regarde le plancher. Maman sort de la pièce. Je reste seul, avec le téléphone rouge. Rien ne bouge. Je regarde le téléphone. Le téléphone me regarde. Je ne suis pas tranquille. Avec un téléphone, on ne sait jamais ce qui peut arriver. On ne sait jamais non plus d'où ça peut arriver. Le monde entier peut parvenir jusqu'à vous avec un téléphone. Je regarde donc le monde en face de moi, enfermé dans cette petite boîte, et le monde entier me regarde.

Le téléphone sonne. Je sursaute. Légèrement. Je me ressaisis. Je dois décrocher. Une personne cherche à me joindre. Ce doit être urgent. Peut-être même que ça vient d'un autre monde. Ma main touche le combiné. Mes doigts le serrent. Je décroche. Je plaque l'écouteur contre mon oreille. J'écoute à l'intérieur. Une voix :
– Allô ?…
Je me tais. La voix reprend.
– Allô ? C'est Sophie. Comment ça va ?
Je veux savoir qui est cette Sophie que je ne connais pas. Que veut-elle me dire ? Si elle m'appelle ce doit être important, peut-être même très urgent. J'ouvre la bouche et je dis :

– Allô ?

Je sens soudain une présence derrière moi. Maman est là, dans l'ouverture de la porte, et a du mal à cacher un léger sourire. Je raccroche vivement le téléphone. Je comprends. J'ai été piégé. Bravo maman. 1-0 pour toi. Tu es très maligne. Beaucoup plus maligne que moi. Il va falloir que je redouble de vigilance si je veux vraiment retourner dans ton ventre. Cette parole que j'ai lâchée m'a encore éloigné de ma destination. Attention. Plus d'erreur désormais. Rien ne me détournera de ma route.

Le ventre de maman

Dans la salle de bains, maman fait de grands dessins au plafond. Elle peint d'étranges formes. Moi qui baisse toujours les yeux sur le sol, voilà que je lève la tête. Rebecca, ma grande sœur, est là aussi. Elle peint avec maman. Rebecca aime les couleurs et la peinture. Elle étudie aux Beaux-Arts. Elle est souvent un peu triste. Ce n'est pas moi qui la ferai rire. Je ne sais pas faire rire, parce que je viens des profondeurs d'un monde perdu que je ne retrouverai jamais. Tout ce qu'il me reste, ce ne sont que quelques bribes de souvenirs qui n'existent pas et que j'essaie désespérément de reconstituer dans ma tête. Et dans ma tête, il n'y a pas de place pour l'humour, le sourire et les blagues.

Maman est enceinte et peint au plafond une grande fresque pour accueillir le bébé qui va sortir de son ventre. C'est une petite sœur qui arrive. Elle a déjà un nom : Hermine. Ainsi Hermine pourra voir la fresque faite en son honneur à chaque fois qu'elle prendra son bain. Le ventre de maman est occupé, je ne pourrai jamais y retourner. De temps en temps j'y colle mon oreille. Elle bouge la petite, elle donne des coups de pied et j'entends tous les bruits de tuyaux à l'intérieur. Elle doit se sentir bien.

Ma petite sœur sera bientôt là. Je dois l'aimer, ainsi elle m'aimera. Elle me racontera sûrement comment c'est à l'intérieur de maman. Je l'aime déjà. Je n'ai jamais vraiment vu de bébés de près, alors je dois m'accoutumer à sa présence. Pour être à la hauteur, je m'entraîne jour et nuit avec un baigneur. Je l'habille, je le berce, je le déshabille. Je le promène et je lui fais prendre des bains. Je dors avec, ou je le dépose dans un berceau jamais très loin de mon lit. Jamais je ne le perds de vue, jamais je ne m'en sépare. Quand ma petite sœur arrivera, je serai prêt.

Seulement voilà, petite sœur est pressée de sortir. Peut-être qu'elle sent qu'on l'aime tellement qu'elle veut déjà nous rencontrer. Tout de suite. On a ouvert le ventre de maman à l'hôpital. Hermine est arrivée avec deux mois d'avance. Je me suis suffisamment entraîné, je suis prêt. C'est elle qui n'est pas encore prête. La voici dans une cage en verre, avec des tuyaux qui rentrent et qui sortent d'elle, et des aiguilles qui la transpercent de partout. Je sais qu'elle souffre. On peut la toucher uniquement avec des gants transparents. On torture ma petite sœur dans une cage en verre. Maman me dit que c'est une couveuse et que si on l'enlève de là, elle mourra. Maman me dit aussi qu'elle en sortira bientôt. D'accord. J'attendrai qu'elle soit sortie avant de casser la couveuse avec la hache de papa.

Bienvenue, sans tambour ni trompette

Ça y est, le grand jour est arrivé. C'est le soir. La fresque de la salle de bains est terminée depuis longtemps. J'attends. La porte s'ouvre. Maman et papa rentrent de l'hôpital et tiennent un couffin recouvert d'une voilette blanche. Leurs visages sont heureux. Le mien est fermé et solennel. Le temps se fige : l'instant tant attendu arrive enfin. Ma petite sœur vient de sortir de sa prison de verre et fait sa première entrée dans la maison familiale. Je me tiens fier et droit en haut du grand escalier, mon baigneur à la main. Mes parents arrivent en bas. Ma petite sœur ne sait pas encore parler et moi je ne veux pas parler.

Je dois lui montrer par un geste fort que je suis prêt. D'un mouvement rapide et ample, je jette le baigneur qui rebondit tête la première sur les marches du grand escalier pour finir totalement démembré, fracassé, aux pieds de mes parents, visiblement troublés. Ce n'est pas grave. Je sais que ma petite sœur a compris. Elle peut compter sur moi. Elle est la bienvenue. Je suis son grand frère. Je n'ai plus besoin de cette poupée en plastique.

Hermine

Petite sœur s'appelle Hermine, comme l'animal des neiges. Elle gesticule dans son berceau. Elle sent le bébé. Son visage et ses bras sont potelés. Elle a de grosses joues et de petites mains. Elle est souriante. Quand elle bouge les jambes, elle ressemble à une grenouille. Petite grenouille qui se débat et essaie de nager dans l'air. Elle me donne envie de rire et je me retiens. Mon regard ne la quitte plus. Des sons inarticulés sortent de sa bouche. Elle cherche à dire quelque chose. Elle a soif.

Je dis à maman : « Donne-lui à boire. » Maman dégrafe son chemisier et lui donne le sein. Hermine a l'air heureuse. Elle boit et ferme les yeux. Le temps s'écoule. Comme une berceuse. Musique du bonheur, musique de mon bonheur perdu.

Emmuré dans l'oubli

Voilà cinq ans que je suis sur cette terre et maintenant je suis trop lourd pour maman. Je ne veux pas marcher. Alors je reste dans la poussette à côté de ma sœur. Nous sommes dans un square pour les enfants. Maman nous pousse. Il y a de minuscules maisons colorées sur le côté. Les portes et les fenêtres sont grandes ouvertes. Elles accueillent tout le monde. Maman me dit que nous devrions les visiter. J'accepte. Peut-être que les sept nains se cachent à l'intérieur ? Non, ils ne sont pas là.

Au fond de l'allée, une maison plus sombre que les autres. Les volets et la porte sont fermés. Défense d'entrer. Je sais que Blanche-Neige est là. Sans doute ne souhaite-t-elle pas être dérangée. À moins que ce soit la maison de la sorcière. Je la scrute, attentif au moindre signe qui pourrait trahir une présence. Cette maison, c'est sûr, quelqu'un est enfermé dedans et nous observe. Je suis prêt à rester le temps qu'il faudra pour savoir qui se cache à l'intérieur. Ma mère cherche à me ramener vers les maisons colorées, mais je ne veux pas. Je reste là. Je veux découvrir le secret de la maison obscure. Quelqu'un aurait-il été oublié à l'intérieur ? Je frappe et je colle mon oreille à la porte. Pas de réponse. Fermé à clé. Je fais le tour. Fenêtres obscures, volets clos. La rencontre n'est pas pour aujourd'hui.

Nous revenons sur nos pas. Nous passons à côté d'une grande cage à oiseaux. Sans oiseau. J'ouvre la porte et je me constitue prisonnier du square. Je suis prisonnier moi aussi comme la personne oubliée dans la maison. On pourrait m'oublier dans cette cage. Quand on ouvrira la porte de la maison sombre, on retrouvera sûrement le cadavre de Blanche-Neige. Et le mien sera dans la cage à oiseaux. De toute façon, je ne peux pas voler. Ce n'est pas grave d'être en cage quand on ne sait pas voler.

Mon arbre sur ma planète de sable

Je suis assis dans la cour devant notre maison, sur le tas de sable. Au-dessus de moi, le saule pleureur. Il me protège et il pleure. Comme moi, il est triste. Il est triste parce qu'un jour un homme du village est venu pour dire qu'il fallait le couper. Ses branches dépassent sur la route. Ça gêne les camions des sablières qui roulent comme des fous et qui font trop de bruit. Je sais qu'ils ont déjà coupé un autre saule pleureur à la poste du village. Je l'ai vu. Et maintenant ils veulent couper mon arbre pour que leurs camions puissent rouler encore plus vite et être encore plus fous. Même le maire, qui est le chef du village, est d'accord avec eux. Un jour je serai le président de la République. Je serai au-dessus du maire et au-dessus des lois : et alors là, les saules pleureurs auront le droit d'asile sur mon territoire. Les camions, eux, devront passer sur des routes plus grandes et plus larges où il n'y aura ni saules pleureurs ni maisons. Je l'écrirai dans mon programme électoral et dans les lois. Qu'ils viennent avec leur nacelle et leurs tronçonneuses pour couper mon arbre, je les tuerai.

Aujourd'hui le saule pleureur n'est plus qu'une souche. Tranché à vif. Décapité. Mort. Les camions, eux, sont toujours là. Ils font plus de bruit, ils sont de plus en plus nombreux, et ils roulent encore plus vite, car ils ne craignent plus les branches de mon arbre. J'en garde une certaine amertume. Je ne suis pas président de la République. Je n'ai rien pu faire.

J'aime le sable. Quand je regarde juste le sable, avec rien d'autre dans mon champ de vision, je suis dans le désert. Mon désert. Ma planète de sable à l'ombre du seul et unique arbre qui a poussé dessus. Je plonge les mains dedans et je trace des sillons. Je creuse des galeries. Je commence des deux côtés en même temps jusqu'à ce que mes mains se rejoignent, au centre, au milieu. Comme pour le tunnel sous la Manche. On creuse en France. On creuse en Grande-Bretagne. On creuse jusqu'à se rejoindre bien au milieu pour que personne ne se dispute après. Je l'ai vu à la télé, aux informations. J'aime les informations, il y a toujours plein d'histoires que je ne connais pas, et certaines, comme celle du tunnel sous la Manche, reviennent comme des feuilletons. Pour l'instant ils ne se sont pas encore rejoints. J'espère que ça va bien tomber au milieu, car je ne voudrais pas de guerre entre les deux pays. Je suis cela de très près. J'attends qu'ils se rejoignent avec impatience. Mais surtout bien au milieu, à égale distance entre les deux pays, comme je le fais avec mes mains dans le sable.

La guerre des maternelles

Me voici à la section « grande maternelle ». Chez les « grands », comme ils disent. Avant j'étais chez les « petits », ensuite chez les « moyens », et maintenant je suis chez les « grands ». Ce n'est franchement pas très compliqué. Pourtant, je suis toujours aussi petit et les autres sont toujours aussi stupides. Mes « camarades ». Mes « petits camarades », je vous hais.

Je suis prisonnier de mon corps et si je parle je serai prisonnier de vous autres. À perpétuité. Je préfère vous observer sans en avoir l'air. Je vous espionne. Si les yeux sont les fenêtres de l'âme, comme m'ont dit mes parents, je pourrais voir la vôtre, mais ça m'obligerait à vous dévoiler une partie de la mienne. Vous ne verrez pas mon âme. Vous voyez mon corps et c'est déjà trop. Mon corps ne sera qu'une pierre tombale, un mur, je ne vous donnerai rien. Je n'aime pas votre monde. Je ne peux rien faire, rien décider, si je marche je suis obligé de vous suivre, suivre ces consignes sans fondements, rentrer dans le rang deux par deux, et en plus il faut se tenir la main. Obligé d'abandonner mes pensées, mes images, mes rêves. Je refuse de troquer mes rêves contre vos sourires ou vos bonnes appréciations. Je ne veux pas être meilleur que vous en quoi que ce soit. Je m'en fous de vous, de la maternelle, de la kermesse et de vos concours de foire. Je ne serai pas votre ami et encore moins votre valet.

Vous voulez que j'ouvre la bouche ? Que je répète les âneries que vous me dites à longueur de journée ? Comme les autres enfants ? Comme un perroquet ? Je comprends tout ce qu'on me dit et je n'ai pas besoin de vous le démontrer. Je n'ai rien à **vous** dire, rien à vous prouver. Ma bouche ne s'ouvrira que pour vous mordre! De toute façon, mes dents sont pleines de tartre parce que je ne mâche pas. Elles sont moches et elles sentent mauvais. Vous voulez toujours que j'ouvre la bouche? Surtout mettez-moi à l'isolement. À l'écart. Personne dans mon cachot. Quitte à être prisonnier, je préfère être maître de ma cellule. Je serai mon propre geôlier. Je suis le seul à avoir les clés et je ne vous donnerai pas les codes.

— Va jouer avec tes petits camarades qu'ils me disent. Pourquoi tu ne vas pas jouer avec tes petits camarades?

Question idiote, réponse simple: Quand on les lâche dans la cour, les grands embêtent les moyens qui embêtent les petits qui eux n'ont personne à embêter. Alors ils attendent patiemment l'année prochaine pour passer chez les moyens et embêter les petits qui arriveront après. Les grands, eux, sont les rois, mais ils ne savent pas ce qui les attend l'année suivante. L'année prochaine, ils seront à nouveau les petits. D'ailleurs, tout rois qu'ils sont, ils ne sont pas autorisés à aller dans la cour d'à côté.

Beaucoup trop dangereux… il y a les CP, les CE1 et les CE2. Là-bas, c'est la même chose. Ça recommence. Sur trois niveaux aussi. Je les ai observés de loin. Vraiment pas très compliqué à comprendre.

J'ai vu des documentaires à la télé. Chez les animaux c'est pareil, sauf qu'eux ils s'entredévorent. Ça s'appelle la chaîne alimentaire. Et les maîtres qui discutent tranquillement dans un coin de la cour, ils voudraient que j'aille me mêler à tout ça? Non! Je n'ai ni le temps, ni l'envie, ni l'énergie d'aller jouer avec mes «petits camarades». Ça ne sert à rien. Une fois je me suis dit que ce serait intéressant de faire autrement. Je suis maintenant un grand. Je pourrais m'associer avec les petits, les regrouper et en faire une armée de résistance face aux moyens et aux grands qui deviennent de plus en plus idiots et incontrôlables. On attendrait qu'ils se dispersent. De toute façon, ils ne se déplacent jamais par groupes de plus de quatre ou cinq. Juste des petites bandes sans envergure ni organisation. J'ai repéré les clans, je sais exactement qui s'aime bien et qui ne s'aime pas. Je ne connais pas tous les noms, mais je me souviens de leurs visages. Ils sont tous fichés dans mon esprit, sur des petites fiches bristol, exactement comme celles qu'on utilise en classe.

Avec les petits j'organiserais mes troupes, je nommerais des chefs, des sous-chefs... Je connais par cœur les grades de l'armée, c'est mon grand frère pilote d'avion de chasse qui me les a énumérés. Je lui ai même demandé de me les écrire sur une feuille de papier.

Pour gagner : il faut de la rage, mais pas de précipitation. Après avoir élaboré un plan d'état-major, on attaquerait l'ennemi par surprise. Mais attention, discrètement, et par petites vagues. J'ai déjà noté les endroits de la cour où l'on peut tendre des embuscades sans se faire repérer par les maîtres. On utiliserait des appâts pour attirer l'ennemi. Il y a des morceaux de bois dans la cour, il y a des stylos, des règles, tout ce qu'il faut pour se fabriquer des armes. Je l'ai vu dans *La Guerre des boutons*. À plusieurs, on peut aussi prendre un «grand» pour taper sur un «moyen», ou l'inverse. On les éradiquerait petit à petit. On les emprisonnerait et les moins bêtes finiraient par rallier notre cause. Il pourrait aussi y avoir des espions dans le camp adverse. On simule une évasion, le faux évadé rejoint le camp ennemi, et nous donne des informations. Mais gare aux agents doubles ! Cependant, je suis convaincu que ces agents n'auraient pas grand-chose à nous apprendre, vu que ces sales gosses sont incapables de la moindre stratégie dès qu'ils sont plus de trois. Ça aussi je l'ai observé. Mais attention : ne jamais sous-estimer son ennemi. Tous les bons guerriers vous le diront.

Rien que pour en arriver là, et sans que ça se voie, il y en a au moins pour des mois, peut-être même de quoi s'occuper toute l'année. Sans compter qu'il faudrait régler ensuite la question des CP, des CE1 et des CE2. Plus coriaces parce que plus grands, mais pas vraiment stratèges non plus. Je les ai observés aussi. Mais pour en savoir plus, il faudrait que je lance un travail d'espionnage approfondi à leur sujet, tout en menant parallèlement la guerre des maternelles afin de gagner du temps. Leur cour est plus grande. J'ai donc spécialement imaginé pour eux une stratégie d'attaque avec des vélos et de grandes tiges en bois, façon tournoi du Moyen Âge. Rapide, efficace. Ils ne verront rien venir. Je ne sais pas faire de vélo, mais les autres savent ; de toute manière, je ne peux pas prendre le risque inconsidéré de m'exposer au combat. Juste un peu au début pour motiver les troupes, mais c'est tout. La parade d'accord, la crânerie au risque de tout perdre, non !

Je dois rester sous bonne garde avec une escorte d'élite afin de commander les opérations en toute tranquillité, car sans moi ils n'auront plus de tête. Finalement, après la victoire totale, tous les élèves de l'école seront derrière moi, ce sera mon armée. Ensuite il n'y aura plus qu'à s'occuper des maîtres. Ils sont grands, mais si on les attaque tous à la fois et par surprise, ils ne pourront rien faire. Quand ce sera le bon moment, je lancerai le signal. Il faut frapper quand ils sont regroupés, pendant la recréation pour qu'aucun d'entre eux n'ait le temps de sortir de la cour. Certains de mes soldats garderont les issues pendant l'attaque finale jusqu'à la victoire. Après avoir vaillamment remporté de nombreuses batailles, voici que nous aurons gagné la guerre! Et là, je deviendrai le général en chef de l'école. Mais ce n'est pas fini! Après l'école, ce sera la France, après la France, le monde, et ensuite l'univers! Voilà comment on peut gagner une guerre contre les grands et les très grands, avec le ralliement des petits.

Alors… vous voulez vraiment que j'aille jouer avec mes camarades? Ou vous préférez que je reste le plus sage de l'école avec mon dix sur dix en conduite? Leurs jeux ne me laissent pas d'autre choix que de devenir un dictateur. Ce sera comme ça aussi après l'école? Vous ne savez pas à qui vous avez affaire, car je ne vous montre pas mes yeux. Mais je vous préviens: si jamais je joue, ce sera avec mes règles. Attaquer un petit tout seul dans un coin sans aucune raison, ça ne m'intéresse pas.

Je déteste les enfants, ainsi que leurs jeux violents et dénués de sens. Aucun intérêt. Nul. D'ailleurs, je me déteste moi-même.

Les autres bougent tout le temps, ils ne pensent qu'à crier et ils ne veulent rien savoir de la Terre et du cosmos. Tant pis pour eux. Et pourtant, il paraît que c'est moi qui ai un problème.

Mon problème, c'est vous.

Coup de pied dans ta tête

Carrelage vert brillant, ascenseur, couloir, sol blanc, porte blanche, moquette bleue et stores baissés. Retour chez la dame aux jouets nuls. Je suis assis en face d'un château en plastique. Un château sans dragons, sans chevaliers, sans roi et sans reine. Un château mort. En plastique. Maman, dépêche-toi! Ici le temps ne passe pas, il est dangereusement immobile, comme si la Terre avait cessé de tourner. Ramène-moi dehors. Cette dame ne m'aime pas et je suis sûr qu'elle ne t'aime pas non plus. Moi je ne l'aime pas du tout.

La dame se lève et vient vers moi. Elle prend une peluche et l'agite sous mes yeux. Elle me sourit bêtement et elle s'adresse à moi d'une voix débile comme on le fait avec les enfants. Elle n'a rien compris. Je n'aime pas les gens qui ne comprennent rien et je vais le lui faire savoir. Je me lève et je donne un coup de pied dans son château en plastique. Il vole en mille morceaux. Éparpillé dans la pièce. Je regarde les ruines en mordant ma tétine.

– Ce n'est pas bien, tu donnes un coup de pied à ton papa! me dit-elle.
Pourquoi elle me dit ça? Décidément, elle ne comprend rien. Mon papa n'est pas dans ce château. Je veux faire exploser les murs de ce bureau, je veux déchirer cette moquette bleue, je veux arracher les stores de ces fenêtres. Ce coup de pied, je le donne dans la pièce où nous sommes enfermés, cette pièce dont je veux sortir. Ce coup de pied, je le donne à toi, madame. C'est ta tête qui vient de voler en éclats dans la pièce, madame, et sûrement pas mon papa.

Allez, viens maman, on s'en va.

La pomme

Je prends mon bain. Je ne veux pas sortir de l'eau. Je veux entrer dans ce monde-là où tout n'est que reflet. Reflet déformé et mouvant. Je veux apprivoiser ces formes et me déformer moi-même. Maman me raconte l'histoire de Blanche-Neige. Blanche-Neige endormie à jamais après avoir croqué la pomme que lui tendait la sorcière. Seul le Prince Charmant peut la réveiller. Blanche-Neige peut dormir longtemps. Je ne suis pas le Prince Charmant. Je ne saurai pas la réveiller. Je viens des ténèbres et je n'ai qu'un souhait : y retourner. Pour toujours.

Maman sort une pomme de sa poche. Elle me dit que c'est une dame qui la lui a donnée ce matin. Une dame vêtue de noir avec un nez crochu. Je ne la crois pas. Tout ça, ce sont des histoires. Maman approche la pomme de ses lèvres. Je ne la regarde pas. Maman croque dans la pomme. Je continue à jouer avec l'eau. Maman s'écroule. Elle gît par terre, morte. Peut-être juste endormie? Je la regarde. Elle ne bouge pas. Ferait-elle semblant?

Je sors de la baignoire. Je passe mes mains sur son visage. Je lui tapote la joue. Je tente de la relever. J'essaie de sentir si son cœur bat toujours. Pas de réponse. Cette fois, je suis seul. Vraiment seul. Je n'y tiens plus. Des mots se bousculent dans ma gorge. Je dois les sortir. J'ouvre ma bouche qui ne parle pas et je dis:
– Maman? Maman?
Maman cligne des yeux et revient doucement à elle. Elle me dit que c'est grâce à moi si elle est vivante à nouveau.

Aujourd'hui, j'ai ressuscité maman en disant son nom.

Le dictateur
et le diplomate

Je suis brun, mes yeux sont marron et je vis à la campagne. Il est blond, ses yeux sont bleus, et il vient de la ville. Il passe tous les étés à la maison. Nous avons un an de différence. Je suis l'aîné. Nous nous connaissons depuis toujours. Je l'aime bien, il est très calme. Quand il vient, je ne veux pas qu'il touche à mes jouets. Je ne le regarde pas mais je sais qu'il est là, à côté de moi. S'il touche à mes affaires, je crie. Quand je trouve que ses jouets sont mieux que les miens, je les lui arrache des mains et il pleure. Je m'en fous, c'est moi le chef. Secrètement il m'impressionne, mais ça, je ne lui dirai jamais. De toute façon, je ne parle pas. Soit je me tais, soit je crie.

Un jour, ma mère nous a donné des costumes et nous a fait jouer une pièce de théâtre. Ça s'appelle *Le Diable et le meunier*. Moi je suis un méchant, alors je joue le diable. J'ai une cape noire avec une doublure rouge. Je regarde le cousin et je dis :
— Meunier ! Meeeeeeunier !
Le cousin détourne les yeux, perdus et tristes. Ma mère l'a revêtu d'une chemise à carreaux et lui a dessiné une moustache au marqueur noir sur le visage. Je continue :
— Je suis le diaaaaaable !

D'autres fois, c'est moi qui vais voir le cousin à Paris. Ses parents nous emmènent dans des tas de lieux modernes et citadins que je ne connais pas. Il y a des cinémas qui bougent tout seuls, des écrans si grands qu'on se croirait dans l'image. Je suis impressionné. Mon cousin est un homme du futur. À la fin du séjour, mon père vient me chercher. Je dois rentrer. Je ne veux pas. Je crie. Je crie très fort pendant tout le trajet. À peine sommes-nous partis que mon cousin me manque. J'ai sept ans et Pierre est mon ami. Mon seul ami. Quand nous nous reverrons, je lui parlerai.

C'est l'ambassadeur du monde extérieur, et il vit dans le futur. Il a beaucoup de choses à m'apprendre. Maintenant il maîtrise la langue de mon royaume et il me montre les richesses du sien. Il n'a pas les mêmes croyances que moi. Par exemple, à onze ans il me dira, preuves et témoignages à l'appui, que le Père Noël n'existe pas. Le cousin Pierre est un ambassadeur courageux. Il va au bout de ses idées. Il est bien plus malin que moi. En fait, le diable, c'est sûrement lui. C'est mon ami. Nous partageons une curiosité insatiable du monde et il me transmettra tout au long de ces années sa joie de vivre. La joie de vivre qui me manquait. C'est avec lui que je découvrirai le fou rire. Quand nous nous voyons, nous en partageons toujours. C'est très agréable et il ne faut surtout pas s'en passer. Sous aucun prétexte.

Le Dictateur et le diplomate. Ça pourrait être le titre d'une pièce de théâtre. La pièce que nous jouons inlassablement lorsque nous nous rencontrons.

Le Dictateur et le diplomate. L'un est la raison d'exister de l'autre et vice versa. Un couple indissociable. Au sein de chaque être humain, ce couple existe. Indubitablement, fatalement, depuis toujours et pour toujours. Scellés ensemble à jamais.

La merde en moi
et moi dedans

Je ne défèque pas. Quand il faut aller à la selle, je ne pousse pas. Je voudrais que mon étron tombe de lui-même. Si je pousse, je sens bien que ça fait pression à l'intérieur, dans mes tuyaux. Je ne veux surtout pas abîmer mes tuyaux. J'ai vu sur des plans du corps humain, dans des livres, que les poumons sont entourés de petits ballons : les alvéoles. Les mêmes ballons que je vois de temps à autre et qui me font peur quand ils éclatent. Ils sont généralement bleus et rouges, comme sur le schéma. C'est aussi le cas sur la planche anatomique du corps humain que j'ai vue à l'école. Mêmes ballons, mêmes couleurs. Ma théorie est donc confirmée :

j'ai des ballons à l'intérieur de moi. Alors quand je pousse, j'ai peur de les faire éclater. Un ballon éclaté, ça ressemble à un lambeau de chair sanguinolent. Voici à quoi seront réduites mes alvéoles si je pousse trop fort. Plus d'alvéoles, plus de poumons. Plus de poumons, plus de respiration. Plus de respiration, plus de vie. Logique. Je ne veux pas mourir, donc je préfère attendre que ma selle sorte toute seule, même si ça doit m'arriver n'importe où. J'ai un peu honte, mais le principal, c'est que mes tuyaux et mes ballons restent indemnes.

Quand les gens vont faire caca, ils s'enferment toujours. C'est qu'ils doivent sûrement avoir un secret pour sortir leur selle de leur corps sans prendre le risque d'éclater de l'intérieur.

Des fois maman me donne des suppositoires. Ça marche bien. Après ça coule tout seul. Quand je suis sur le trône, maman reste des heures non loin de moi pour m'encourager à pousser. Quand je suis bloqué, elle imprime des petits ronds avec ses doigts le long de mes vertèbres de haut en bas. C'est agréable, mais ça ne change rien à l'affaire. Avant chaque poussée, j'essaie de doser la force pour que ça sorte sans que mes organes vitaux n'éclatent à l'intérieur de moi.

Un matin, nous sommes en retard pour aller à l'école. Maman est très en colère. C'est très rare de la voir comme ça. Soudain, une voix que je n'ai jamais entendue brise mes tympans et me glace.
– Pousse, nom de Dieu, mais pousse! Tu vas pousser à la fin?
Elle casse la brosse à cheveux contre le carrelage du lavabo qui éclate sous le choc. Il en porte encore la marque aujourd'hui. Pendant cette fraction de seconde, je n'ai plus pensé aux ballons. Par réflexe, je pousse instantanément. Trois crottes tombent dans la cuvette. Je suis effrayé. Effrayé par le nouveau visage de ma mère, et effrayé d'avoir manqué d'exploser de l'intérieur. D'une voix tremblante et qui sort de très loin, je livre mon angoisse:
– Dis maman, quand on pousse, est-ce que les poumons peuvent éclater? Est-ce qu'ils peuvent éclater comme des ballons?

Cette phobie de l'éclatement intérieur me poursuivra jusqu'à onze ans: occlusion intestinale. Je suis arrivé à tout garder en moi pendant plus de onze jours, la seule fois où ma mère est partie en voyage. Une fois à l'hôpital, j'ai compris que c'était plutôt de cette manière que je risquais d'éclater. Je n'ai plus jamais été constipé.

Tourterelle mon amour

Souvent roucoule la tourterelle. Cette musique est agréable. J'aime ce chant. J'aime la tourterelle. Je l'aime tellement que l'entendre m'est insupportable. Je crie à mon tour. Tais-toi, tourterelle! Cesse de me ramener à ma condition d'humain, à ma prison. Tu es libre, toi! Tu peux voler et chanter. Moi je ne peux faire ni l'un ni l'autre. Je suis enfermé dans ce corps de Julien qui lui-même est enfermé dans le monde des autres. Je passe ma vie avec des petits êtres grouillants, criants et gesticulants que je ne veux ni voir ni entendre. Toi, tu es belle, tu chantes et tu voles.

Je suis dans la salle de classe, prison autour de ma prison. Quand la fenêtre est ouverte au mois de juin, toi tu chantes et tu voles. Partout où je vais, tu me suis. Tu es là. Tu es là pour me rappeler sans cesse ce que je ne sais que trop bien : je suis prisonnier et toi tu es libre. Libre de vivre dans les grands espaces, libre de partir, libre de chanter, libre de rester. Tu me tues avec ta liberté que je n'aurai jamais, sauf quand je serai mort. Qu'essaies-tu de me dire à la fin ? Tu me nargues ?

Un jour, ma mère m'a parlé de la réincarnation. Si c'est vrai, j'aimerais me réincarner en toi. Je chanterais et je volerais au-dessus des prisons des autres. Je sais que je suis en prison et que je suis une prison.

Une fois, en voyant *Peter Pan*, j'ai pris conscience que si je rencontrais la fée Clochette, je la mettrais dans une cage, comme le capitaine Crochet. Petite cage dorée dans laquelle je contemplerais sa tristesse et sa souffrance toute la journée. Sans rien faire. Ma prisonnière, ma captive. Je lui offrirais un cadeau de temps en temps. Je lui donnerais des graines. Comme ça, peut-être arriverais-je à oublier un peu que je souffre moi aussi. Au moins, nous souffririons ensemble. C'est tout ce que j'ai à offrir. Si je t'attrape, tourterelle, je te ferai subir le même sort parce que je t'aime. Comme la fée Clochette. Je t'aime tellement que ta liberté m'est insupportable. Je t'aime trop. Trop fort.

Tourterelle, tu me tues.

Après-shampoing

Julien, je te hais. Tu es trop grand et trop gros pour retourner dans le ventre de maman et trop petit pour aller au centre de la Terre. Tu m'encombres, tu me bloques. Je ne peux rien faire avec toi. Je dois prendre des mesures. Faire des réformes. Je ne peux pas rester là avec toi, et pourtant je suis bloqué ici à cause de toi! Il faut que ça change! Oui, il faut du changement. Il faut que quelque chose se passe. Il faut partir, que tu partes de moi.

D'habitude, maman me coupe les cheveux. Ça se passe à la maison. Je suis moche. Tais-toi, Julien. Arrête de parler dans ma tête. Tu ne sers à rien.

Maman me dit souvent que j'ai un front noble et intelligent. Elle me dit aussi que c'est le front de ses ancêtres. Je n'avais jamais fait attention à ça parce que pour l'instant, depuis que je suis né, c'est-à-dire à peu près cinq ans, j'ai toujours porté les cheveux mi-longs avec une frange. Je me poste devant une glace et à l'aide de mes mains, je maintiens mes cheveux en arrière. C'est vrai que j'ai un grand front. Il est si grand que je pourrais le parsemer d'étoiles. Maman m'explique qu'aujourd'hui ce n'est pas elle qui va couper mes cheveux, mais quelqu'un d'autre. Nous allons nous rendre dans un lieu exprès où l'on ne fait que ça, parce que, cette fois, il y a beaucoup de cheveux à enlever.

Tu entends ça, Julien ? On va t'enlever des cheveux, comme ça tu seras un peu moins présent et tu cesseras de cacher mon front noble et intelligent. Tu le cachais tellement que je ne savais même plus qu'il était là. On aurait pu l'oublier à cause de toi. Tu aurais bien aimé que j'aie un trou à la place, n'est-ce pas ? Heureusement que maman est là ! Ce n'est pas toi qui aurais pensé à libérer mon front. Tu ne sers vraiment à rien.

Murs blancs, plantes vertes dans des pots noirs, miroirs partout à l'infini. Ça sent le propre et le séchoir. Des femmes. Uniquement des femmes. Partout. Elles courent, parlent et rient. Elles ont des blouses bleu ciel. Elles sont grandes et je vois leurs jambes. Elles me déshabillent, et m'enveloppent dans une cape blanche, un peu trop grande pour moi. Fauteuil en cuir noir. On m'assoit dessus. On me glisse la tête en arrière et des mains mouillent et caressent mes cheveux. C'est la première fois que je viens chez le coiffeur et je sais déjà que ce ne sera pas la dernière. Une fois le shampoing terminé, on m'installe sur un autre fauteuil en cuir, noir lui aussi. Mais celui-ci tient sur un seul pied. Un pied argenté et brillant qui s'évase vers le bas. Et en plus... il tourne!

Je suis à côté de Soizic. Ce sont ses mains qui m'ont caressé tout à l'heure et maintenant elle est là, à côté de moi. Je n'ose pas la regarder, mais je sens qu'elle me sourit. Elle sent bon. Elle est belle.

Elle est là. Et moi je suis là aussi, devant la glace triptyque, et je ne veux pas voir Julien. Soizic me tend un catalogue avec des portraits d'enfants. Eux non plus, je ne veux pas les voir. Ils ressemblent à ceux de la maternelle que je subis toute la journée. Ils me crient dans les oreilles, ils gesticulent partout, ils ne sont pas intéressants, je ne les supporte pas. De plus, je dois les affronter tout le temps, toute la journée, enfermé avec eux soit dans la salle de classe où le bruit résonne, soit dans la cour où ils n'arrêtent pas de gesticuler. En plus, on veut m'obliger à me mêler à leurs jeux débiles. NON! Soizic, range ce catalogue! Ah oui, c'est vrai je ne parle pas. Je tire ma mère vers moi et je lui chuchote à l'oreille qu'il faut que Soizic range ce catalogue et que ses mains sont belles. Elle porte des bagues à chaque doigt. Bleues. Je dis à maman que c'est beau de porter des bagues bleues comme Soizic.

Ciseaux et peigne dans les mains de Soizic Vas-y, fais-moi tourner! Je baisse la tête, car je ne dois pas rencontrer les yeux de Soizic qui me feraient perdre le contrôle. Je ne veux pas croiser non plus le regard de Julien qui souffre et me fais souffrir. Soizic me relève délicatement la tête quand je me détourne du miroir. Je continuerai néanmoins à baisser la tête, mais davantage pour sentir à nouveau la main de Soizic qui me relève doucement le menton plutôt que pour bannir Julien de ma vue. Elle me fait penser à la petite sirène. Mais c'est plutôt une grande sirène Elle me tourne autour, glissant sur son siège à roulettes. Maintenant j'en suis sûr. Elle aussi, elle aime tourner. Une fois la valse terminée et les ciseaux rangés, Soizic me regarde dans le miroir et me sourit. Son sourire me fait perdre le contrôle. Pour la première fois depuis longtemps, je ne réfléchis plus. Elle est belle et je lui rends son sourire. Je regarde mon reflet. Je ne reconnais plus Julien. Merci Soizic pour cette libération. Sans t'en rendre compte, avec ta blouse bleue, tes ciseaux, tes mains et tes bagues, tu fus un court instant le médecin de mon âme.

Ces mains qui m'ont donné tant de plaisir, je ne veux pas les laisser s'échapper. Je les saisis et je caresse les bagues bleues. Oh, et puis au diable mes plans secrets, au diable le contrôle, au diable la trahison, je dois te parler. Je regarde les mains et les bagues. Trop tard, un son sort de ma bouche :

– Elles sont belles, elles sont bleues.

Je n'y tiens plus, je dois voir ses yeux. Ses yeux que j'évite depuis le début. Je veux les voir. Je lève la tête. Ça y est. Je suis dans ses yeux. Elle me sourit. Je tiens sa main dans les miennes. Je ne la lâche pas. Des paroles sortent de ma bouche, encore :

– Toi aussi tu es belle. Et tu as l'air contente.

II
DES CENDRES
ET DES RUINES

Comment je suis mort
à six ans

À six ans,
Assis sur la deuxième marche du grand escalier,
Sous les yeux de ma mère,
J'ai tué Julien.

Je lui ai tranché la gorge.
Je vois encore sa tête rouler sur la première marche.
La seule qui soit en pierre.
Pierre tombale.

– Maman, dis-je d'un air solennel et grave, Julien est mort!

Il est enterré dans la terre noire.
Il n'était pas très intéressant.
Je veux un autre nom.

Maman me propose Hugo.
J'accepte.
Le roi est mort.
Vive le roi!

Maman a de la peine pour Julien. Moi non.
Maman propose de me rebaptiser Julien-Hugo.
Intérieurement, j'enrage.
Encore un compromis!

Je retiens ma colère. Suprême effort.
Je sais que, même mort, Julien fait encore et toujours partie de moi. Il me suivra jusqu'au bout, jamais rassasié. Je dois juste l'enfouir très loin et très profond pour qu'il ne revienne jamais.

Souvenir lointain, disparu, enterré.
Mais néanmoins présent pour toujours.
Sa tête est enchaînée à mon pied comme un boulet.

De toute façon, le compromis «Julien-Hugo» tombera vite aux oubliettes. Très vite, c'est Hugo que je lirai sur les lèvres de ceux qui me nommeront.

C'est Hugo qu'on m'appellera.

Julien ne sera évoqué devant moi que par des ignorants ou des imbéciles. Et eux, soit je les méprise, soit je les écrase.

L'empereur, c'est moi

Je parle uniquement aux personnes que j'aime, jamais aux autres. À l'école, au CP, je suis muet. Pourtant, maman fait tout pour que ça change. Moi aussi, je sens bien que le changement doit arriver. Hugo l'a bien compris. Après avoir décapité Julien, j'ai nommé Hugo roi de mon corps et de mon esprit. Empereur suprême de mon royaume. Je dois créer un personnage suffisamment fort et puissant pour tenir tête et piétiner le cadavre de Julien qui ne cesse de me hanter. Je dois broyer les vestiges et les ruines de cet ancien monde dont les fondations me résistent encore. Il me faut porter une armure, être aussi dangereux et féroce qu'un dragon, majestueux comme un lion. Seule la rage de vaincre pourra m'éviter de sombrer. Je suis obligé d'accepter ce monde qui n'est pas le mien. Je n'ai pas le choix, sinon Hugo finira aussi dans la terre noire. Il faut que j'ouvre la bouche. Je dois parler. Les autres enfants sont bêtes et parlent très mal. Je ne veux pas parler pour dire les mêmes sottises qu'eux. Je ne veux pas devenir comme eux. Je ne veux pas crier comme eux. Moi, à l'école, je crie à l'intérieur. Vous n'imaginez pas le cadeau que je vous fais. Quand je hurle, la terre tremble, les murs se brisent, les oiseaux cessent de chanter et meurent. Ma mère le sait très bien. Quand j'erre parmi vous, je dissimule ma souffrance et ma colère au plus profond de moi-même. Si vous deviniez ma colère, elle pourrait vous tuer.

Hugo doit être capable d'ouvrir la bouche sans que tout cela se voie. Hugo doit apprendre à mentir à la face du monde en dissimulant son mal. Parler, c'est mentir. Eh bien, je mentirai puisque c'est ce qu'on attend de moi. Chaque parole, chaque syllabe qui sort de ma bouche représente un effort surhumain, car c'est un compromis que moi, Hugo, je dois faire avec les autres. Je sais que chaque pas vers les autres me rendra de plus en plus dépendant d'eux, et donc de vous. Je vais devoir accepter d'être dépendant de ceux qui ne m'inspirent aucune confiance. Chaque mot, chaque son qui sort de mes entrailles sera une abdication. Chaque pas vers les autres m'éloignera de mon royaume. Chaque mot me tue. Je marche sur des charbons ardents et je dois apprendre à danser. Eh bien, je danserai, peut-être même que je vous accorderai un sourire de temps en temps. Pour le rire, on verra plus tard. Surtout ne pas perdre l'équilibre.

Quand on perd l'équilibre, on perd son royaume.

Trajectoire

— Naissance, jardin d'enfants, maternelle, école primaire, collège, lycée, études, travail, retraite, mort.

— Amour, rire, amitié, musique, forêts, montagnes, océan, prairies, collines, voyage, me répond maman.

— Et mousse au chocolat, ajoute-t-elle encore en me caressant la joue.

Quand je rêve

Quand je rêve, je vois une image, je bloque cette image et j'entre dans mon rêve. Ces images s'entrechoquent, disparaissent et reviennent. J'ai peur qu'elles ne s'échappent. Alors je les dessine. Et elles existent. À l'école, on me regarde en souriant et on me dit que je suis un «cerveau lent». Ils ne savent pas comme les images défilent vite dans ma tête. Je leur réponds intérieurement, puisque «répondre» au professeur est interdit, que si je suis un «cerf-volant», qu'attendent-ils pour me lâcher? Dans ma tête, je tâche d'y passer le plus de temps possible, et ça ne plaît pas vraiment aux autres. Je rêve endormi, je rêve éveillé. Je suis un rêveur, comme ils disent.

Le monde n'aime pas les rêveurs : ils doivent être surpuissants et beaucoup plus malins que la moyenne s'ils veulent y trouver leur place. Sinon ils n'auront aucune chance et finiront dans la benne à ordures. Voici le sort qui m'est réservé si je continue à rêver, ou du moins si cela se voit. Seulement, sans mes images et mon rêve, je suis mort. Un pantin mort. Dont les fils seront tirés par un manipulateur secret qui s'occupe de rêver pour les autres. C'est ça qu'ils veulent : détruire les images que j'ai dans la tête pour m'imposer leur « rêve » à eux. Leur sombre songe dont je ne veux pas faire partie. Figurant du rêve général et formaté, ça ne m'intéresse pas. Ce sera sans moi et moi sans vous.

Je connais bien la forêt et je ne crains pas les fantômes. Ils savent que je les respecte et que je ne suis pas venu pour les chasser. Malheur à celui qui les méprise : il sera changé en ver de terre.

Je marche dans la forêt, toujours avec une épée en bois. Le monde n'aime pas les rêveurs. Je dois m'entraîner. M'entraîner à me battre et à résister pour rêver.

Le fantôme siffleur m'a soufflé une idée aujourd'hui. Il m'a appelé le «petit dragon». Ce sera le début de mes bandes dessinées. Elles raconteront l'histoire du petit dragon. Difforme, le petit dragon est rejeté par son clan dès sa naissance parce qu'il ne peut pas cracher de feu. À l'école, les fantômes ont disparu. Ils n'aiment pas cet endroit et moi non plus. Les lieux sans fantômes me désespèrent. Alors je reste avec les images qui tournent dans ma tête, les images que les fantômes m'ont soufflées. À l'école, on m'empêche de traduire ces images. Elles sont «hors sujet». Alors je me dis qu'une existence de fantôme me plairait bien. Bien plus que celle d'un écolier en tout cas. Je ne veux pas entendre les voix et les cris autour de moi. Je préfère le silence. Je suis le fantôme de l'école.

Des dragons aux humains aux vampires

Je suis seul dans la cour de l'école. Encore. Je suis seul parce que je le veux bien. C'est l'hiver. J'ai froid. Je préférerais mille fois rester dans la salle de classe. Seul, mais au chaud. Je voudrais dessiner sur mon cahier, continuer mes bandes dessinées. Les maîtres ne veulent pas me laisser dans la classe parce qu'il n'y a personne pour me surveiller. Et dire que j'ai dix sur dix en conduite. Ça ne sert à rien d'être discipliné. C'est de la foutaise. Tout ce que j'y gagne, c'est l'obligation de sortir dans la cour avec le troupeau beuglant et stupide, attendre la fin de la récréation, revenir en classe pour faire des exercices qui se ressemblent tous, et enfin apprendre des leçons que j'oublierai le soir même. Je n'y gagne rien. Alors les bonnes notes, je m'en fous. Je ne peux même pas être en paix pour finir mes histoires. Je ne veux pas que les autres regardent mes bandes dessinées tant qu'elles ne sont pas achevées. Avant, je les terminais, du temps où je racontais des histoires avec des dragons.

Maintenant que je suis en CP, je dessine et j'écris des récits avec des humains, et depuis que je dessine des humains, je ne termine jamais mes histoires. Alors j'en recommence une... que je ne finis pas. Je me lasse. Je n'arrive plus à les développer. J'aimerais savoir parler des humains, mais je n'arrive plus à rassembler mes idées. J'ai l'impression que plus je passe de temps ici, plus je deviens bête. Mes idées se bousculent dans ma tête. Elles s'entremêlent, s'entrechoquent, l'une chassant la précédente. Je perds les images que j'ai dans mon cerveau. Je crains qu'elles ne réapparaissent jamais et que je devienne vide.

Quand c'est la récréation, tous les autres sortent en courant, en rang deux par deux. Ils courent comme un troupeau en beuglant comme des vaches, puis ils se dispersent. Stupide. Je ne suis pas pressé de sortir, alors je ne cours pas. Moi je marche. Je me mets toujours derrière, car je ne veux pas me faire bousculer. Ça m'est arrivé quelques fois, alors maintenant je fais attention. J'anticipe. Toujours derrière. Je sors en dernier, je m'assois dans un coin de la cour et j'attends que ce soit fini. Je suis recroquevillé dans mon manteau. De la morve coule de mon nez. Elle dégouline sur mon col et des fois elle rentre même jusque sous mon pull. Je suis moche. Et j'ai froid.

Maman a bien connu le froid. Elle m'a raconté. C'est même écrit dans son premier livre: *La Première Habitude*. C'était bien avant qu'elle ne connaisse papa. Elle n'avait même pas de maison. Parfois elle me disait aussi qu'il valait mieux être seul que mal accompagné. Ça tombe bien, je suis seul. Pour le froid, elle m'a dit de penser très fort à un triangle rouge pour avoir chaud. Quand tu as trop chaud, tu penses à un triangle bleu. Je pense au triangle rouge, mais ça ne marche pas très bien. Je ne sais pas comment tu fais maman, mais moi je n'y arrive pas. Je ne suis pas aussi fort que toi. Je suis faible. J'en ai assez d'être faible. Je veux être fort moi aussi. Mais je ne veux pas être une brute comme d'autres que je vois. Ça ne m'intéresse pas. Je veux être fort comme toi, ou comme papa, qui est très fort lui aussi. Il est ceinture noire deuxième dan de judo. Il a gagné des combats ; il m'a montré un article avec sa photo dans un journal de l'époque. Il a été champion de France, mais il n'a pas pu faire les Jeux olympiques parce qu'une brute a triché en lui déboîtant l'épaule pour faire le concours à sa place. Maman m'a inscrit au judo. Je suis ceinture jaune.

J'en ai vraiment assez de perdre mon temps ici avec mon dix de conduite. Ma seule bonne note. Pour tout le reste je suis moyen ; médiocre ils écrivent. Ça me va très bien. Quand j'ai de bons résultats ailleurs, on me félicite, mais ça m'est égal. Une fois, j'ai entendu une histoire à propos d'un type qui en avait marre lui aussi et qui a mis en scène sa mort. Un crash d'hélicoptère dans la cordillère des Andes. Sauf qu'il n'était pas dans l'hélicoptère. Il était mort pour tout le monde, alors qu'il vivait heureux quelque part. Quelle chance, il pouvait ressusciter tous les jours quand il voulait et personne ne le troublait. On ne trouble pas les morts. On finit même par les oublier. Je veux qu'on m'oublie.

Un soir après l'école, je propose à maman de faire la même chose. Je n'ai pas d'hélicoptère, alors j'invente un autre plan : au lieu d'aller à l'école le matin, je pourrais rentrer dans un cercueil tout le jour et en ressortir uniquement le soir pour retrouver ceux que j'aime. Mort la journée pour éviter la chienlit quotidienne et vivant le soir pour fêter toute la nuit les retrouvailles avec les miens. Je pourrais vivre la nuit. Comme le vampire Nosferatu. On a enregistré le film à la maison et je l'ai regardé plusieurs fois. Voici ma nouvelle vocation : je veux devenir un vampire. Je m'entraîne dur pour ça : la journée je reste à l'ombre pour ne pas m'exposer au soleil et quand je m'allonge, toujours sur le dos, je dors les mains jointes, raide comme un gisant.

Maman n'aime pas du tout cette idée de mourir la journée pour ressusciter le soir. Je suis déçu. Tant pis. Je deviendrai quand même un vampire, que ça lui plaise ou non. Mais un vampire très dangereux, qui se déplace le jour.

Hugo *versus* Julien

Que les années sont longues.
Et les journées plus longues encore.
Et les heures interminables.

Julien est enterré dans la terre noire, mais de temps en temps sa main sort brusquement. Elle s'accroche à mon pied.

Julien ne veut pas mourir.

Laisse-moi! Va-t'en!
Combien de fois vais-je devoir la couper, cette main qui ressort sans arrêt?

Je vais ouvrir ta tombe et te tuer à nouveau. Où vais-je devoir couper mon pied ? Mon pied qui devient bleu quand ta main le touche.

Une fois, j'ai entendu une histoire sur les pattes des loups que l'on retrouve coincées dans les dents des pièges. L'animal se ronge jusqu'à l'os par instinct de survie afin d'éviter une mort certaine. La vie en claudiquant sur trois pattes, mais la vie !

C'est ça que tu veux de moi ? Un sacrifice ? Une partie de mon corps ? Ensuite tu me laisseras ? Non ! C'est un piège et je le sais ! Tu n'auras rien ! Si je te laisse mon pied, tu vas le manger, et après tu voudras autre chose, jusqu'à me dévorer tout entier, lentement. Lentement parce que toi tu as tout ton temps. Tu es mort, alors tu as l'éternité devant toi. Moi je suis vivant, alors je suis pressé ! Tu me fais perdre mon temps !

Julien ! Voilà maintenant que tes deux mains sortent de la terre noire et qu'elles enserrent mes pieds.

Tu m'entraînes dans ta tombe.
Tu m'entraînes dans ta chute.
Je suis lourd et je m'enfonce dans ce marécage.

Tu m'empêches d'avancer.
Tu m'interdis de voler.

Je suis immobile comme toi. Comme la mort.
Tu me retiens.
Je ne peux plus prendre mon élan.
Je n'ai pas de prise pour m'accrocher.
Je suis seul avec toi dans ce maudit cimetière.

Autour de nous se profilent des tombeaux vides et sombres plongés dans une nuit où toutes les étoiles sont mortes.

Rien ne bouge.

Tu m'aspires à mon tour dans la terre noire.
Tu m'aspires avec ta bouche d'où ne sortent que des cris languissants de désespoir.

Mes pieds sont bleus! Il faut les couper!

Non!
Ce sont tes mains que je couperai!

Je les trancherai encore et encore, jusqu'à ce qu'elles ne sortent plus jamais de la terre noire!
Je ne veux plus voir ce cimetière! Je ne veux plus te voir! Jamais!

Je veux sortir de ce dédale qu'est mon enfance.

J'irai jusqu'aux enfers pour te tuer encore et encore.

Tu ne sais pas de quoi je suis capable!

J'affronterai tous les démons qui me barreront la route, je leur trancherai les membres, je les décapiterai comme je t'ai décapité toi, et j'empalerai leurs têtes sur des pieux.

Ce spectacle sera si effrayant que les survivants n'oseront plus m'affronter et battront en retraite! Les lâches!

Et quand je t'aurai atteint, je transpercerai tes poumons, j'arracherai ton cœur et je le mangerai pendant qu'il bat encore.

Je te le redis : tu ne sais pas de quoi je suis capable.

Julien, tu ne sais pas de quoi Hugo est capable.

La petite fille,
l'arbitraire et moi

J'ai appris assez tardivement à faire du vélo sans les roulettes. C'est venu d'un coup. Je me souviens très bien de la sensation grisante de décollage que j'ai éprouvée en m'élançant pour la première fois sans que mes pieds touchent le sol. Ainsi je volais jusqu'à m'écraser sur le pare-chocs arrière d'une voiture garée sur le trottoir.

Attention : ce qui va suivre est une expérience que vous ne devez sous aucun prétexte tenter de reproduire chez vous ou à l'extérieur. Aussi je demanderai aux âmes sensibles ou aux esprits influençables de passer directement au chapitre suivant ou bien de refermer immédiatement ce livre. Ma mère nous emmenait souvent nous promener, ma petite sœur et moi, au parc de la Colombière, à Dijon. Maintenant que je sais me tenir sur mon vélo, je pédale quelques dizaines de mètres devant. Je commence à apprivoiser la vitesse. Je m'élance comme un fou, en évitant au dernier moment les obstacles. À quelques mètres, une petite fille et sa mère viennent à notre rencontre. Elle est blonde, elle a l'air contente et sautille joyeusement. À part elles, le chemin est désert.

Je suis à dix mètres : je ne sais pas pourquoi mais, à ce moment-là, mon cerveau se met soudainement à penser à ma place. Je suis un automate.
Neuf mètres : je suis installé sur les rails d'un circuit huilé. Je peux rester dans les rails ou en sortir.
Huit mètres : c'est facile de sortir du circuit, de volontairement dérailler. Je ne dois pas le faire. Ça ne m'apportera rien, mais je peux le faire. Sans raison. Sans envie. C'est gratuit. C'est stupide.
Cinq mètres : je verrouille ma trajectoire sur la petite fille.

Trois mètres : je peux encore l'éviter d'un coup de guidon, mais au lieu de ça j'accélère.

Plus que deux mètres : elle ne me voit même pas arriver tellement ce que je suis en train de faire est inimaginable.

Un mètre : dernier coup de pédale. Mon pneu heurte la petite fille. Sa main lâche celle de sa mère. Elle tombe. À ce moment-là, comme pour rappeler mon cerveau à l'ordre, par réflexe, mes mains se crispent sur les freins pour ne pas l'écraser. Ma machine infernale s'arrête. La petite fille pleure, sa mère se précipite sur elle, la relève et m'assassine de son regard et de ses paroles. Ma mère, impuissante, a assisté de loin à la scène. Elle accourt. Je reste coi, prostré. Il y aura finalement plus de peur que de mal. Heureusement.

J'ai sept ans, l'âge de raison.

Une autre fois, toujours à vélo, la même chose s'est produite. J'ai délibérément fait une queue de poisson à ma mère en la dépassant. Elle est tombée sur le goudron et en a porté les cicatrices pendant plusieurs semaines. Je n'ai parlé à personne de cette histoire avant de l'écrire ici. Cependant, aujourd'hui je sais très bien que ce genre de chose peut arriver à n'importe qui. Il suffit de lire les faits divers. C'est aussi la raison pour laquelle les jeux vidéo sont presque toujours basés sur le meurtre et sur la violence, sans quoi ils n'intéresseraient personne.

Ces deux expériences m'ont traumatisé à un tel point que je n'ai jamais pu passer le permis de conduire. Un jour, peut-être...

Attention :
danger public !

Elle est petite, nerveuse et elle crie tout le temps. Son visage est crispé, ses yeux toujours sur le point d'exploser. Sa voix est stridente et métallique. Dès qu'elle ouvre la bouche, c'est pour irriter mes oreilles et je ne comprends rien à ce qu'elle dit, ou disons que je ne veux pas comprendre. Je refuse catégoriquement que sa voix pénètre mon cerveau. Je l'entends, mais elle n'ira pas au-delà de mes oreilles. Je me souviens très bien de sa voix, mais je serais incapable de restituer la moindre phrase qu'elle a dite. Mes tympans ne l'aiment pas, je ne l'aime pas et elle ne m'aime pas non plus. Je pense d'ailleurs qu'elle n'aime personne, en tout cas pas ses élèves. Elle n'est rien d'autre pour moi qu'une agression sonore permanente que je m'efforce de noyer dans un océan d'indifférence. Je dois passer huit heures par jour avec elle, dans la même pièce. Je vous présente Mme C., l'institutrice.

J'ai sept ans et je suis en CE1. Sept ans, l'âge de raison comme ils disent. On me l'a sortie au moins cent fois depuis mon anniversaire cette histoire. Je l'entendrai toute l'année. Ils me l'ont tous répétée. À l'école comme ailleurs. «Tu as sept ans, l'âge de raison! C'est bien!» En effet, c'est génial. Pourquoi sept, et pas huit, ou six? Ça, ils ne me le diront jamais. L'âge de raison, c'est sept ans ils disent. Qu'est-ce qu'ils ont avec la raison? Auraient-ils tous perdu la leur? La raison qui domine, c'est toujours celle du plus fort. Ça je ne le sais pas encore, pourtant mon père me l'a déjà dit en me citant une fable de La Fontaine: «La raison du plus fort est toujours la meilleure.» Côté pratique, je l'apprendrai à mes dépens, bien sûr à l'école.

Je me souviens, notamment en 6ᵉ, d'une professeure affirmant avec une certitude inébranlable devant sa classe : « Vous savez bien que le professeur a toujours raison. » À ce moment-là, j'ai compris. À ce moment précis, tout le monde sait qu'elle a tort, mais elle a raison. Raison parce qu'elle a le pouvoir.

Voici une des choses fondamentales que j'ai apprises à l'école : la raison, le pouvoir et la force sont un trio indissociable. Si on en enlève un, ça ne marche pas. À sept ans, on n'a ni force ni pouvoir. Alors sept ans l'âge de raison, c'est de la connerie. Mais c'est bien, continuez de le dire afin d'entretenir vos enfants dans ce mensonge si doux. C'est comme croire au Père Noël, ils sauront bien assez tôt que ce n'est pas vrai.

RAISON-FORCE-POUVOIR

Pourquoi n'écrit-on pas ça à l'entrée de chaque collège, lycée et école primaire ? Ou encore de chaque mairie, ministère, palais de justice ou bâtiment officiel ? Ce serait tellement plus proche de ce qu'on y trouve plutôt que ce pieux mensonge civique :

LIBERTÉ-ÉGALITÉ-FRATERNITÉ

Liberté. Égalité. Fraternité. Je n'ai rien appris de tout ça à l'école de Jules Ferry. Vaste mensonge politique inculqué dès l'enfance.

Bref, j'ai sept ans. J'ai sept ans et je dois composer avec Mme C. Évidemment, puisque huit heures de temps quotidien ça ne leur suffit pas, Mme C., comme tous les soirs, nous dicte l'énoncé du devoir pour le lendemain. De mémoire, ce soir-là, ça donne à peu près ceci : « Trouvez et soulignez le complément d'objet direct ou indirect que vous remplacerez avec l'adjectif qualificatif dans la proposition juxtaposée, que vous aurez préalablement encadrée, par la proposition subordonnée dans la phrase énoncée. » À l'école de M. Jules Ferry, c'est ce qu'on appelle un exercice de français.

Il est 21 heures à la maison. Nous sommes à table en famille et même mon père, grand cancérologue, éminent professeur de médecine et chercheur diplômé de je ne sais combien d'universités et bardé de je ne sais combien de prix et reconnaissances en tous genres, n'a pas compris l'énoncé. J'ai très peur. J'ai peur parce que je sais que si je ne fais pas l'exercice ou si je le rate, Mme C. criera encore plus fort et me punira. Je n'ai encore jamais été puni. Je ne souhaite pas que cela m'arrive. Je suis certes un élève distrait, moyen et souvent hors sujet, mais en conduite, j'excelle : dix sur dix. Toujours. Il faut croire qu'en cette matière l'indifférence, ça paie. La peur est la matière que l'on enseigne le mieux à l'Éducation nationale. La peur, la compétition et la soumission, le tout noté sur 20. Mon père rédige sur mon cahier de textes un mot, qui, contrairement à l'énoncé, a le mérite d'être très clair. Ce mot explique en trois lignes la raison pour laquelle mon devoir ne sera pas rempli. Je me dis qu'ainsi je ne risque rien et que Mme C. comprendra.

Lendemain 9 heures. Comme tous les matins, passage en revue. Inspection générale. Chacun son tour, on doit se lever, marcher jusqu'au bureau et présenter son exercice à Mme C. Quand Mme C. n'est pas contente de ce qu'elle trouve, elle jette le cahier à la figure de l'élève, qui le ramasse et retourne à sa place. Ce matin-là, tous les cahiers y passent, manifestement personne n'a compris l'exercice. Arrive mon tour. J'appréhende la réaction de Mme C., mais je me dis que le mot de mon père me protégera. Je pose doucement mon cahier sur son bureau. Elle lit le mot. Je la vois devenir rouge et d'un seul coup des jets d'insultes stridentes sortent de sa petite bouche pincée et sèche. Mon cahier vole. J'aurai droit à un supplément de choix : la brosse en bois qui sert à effacer le tableau rase ma tête. Après que j'ai ramassé mon cahier et regagné ma place, elle continue à hurler en me jetant les craies. Ce que je pressentais depuis le début de l'année arrive.

Je suis maintenant officiellement le souffre-douleur de Mme C.

Mme C. n'aura pas droit à mes larmes. Je me souviens qu'à ce moment précis je me mets intérieurement à maudire mon état d'enfant. Je m'imagine adulte, lui renvoyant cahier, brosse en bois et craie au visage. La moindre des paroles que je vous avais adressées, Mme C., était une erreur de ma part car une grossière perte de temps et d'énergie. Vous n'en valez pas la peine.

À ce moment précis je me mure, il est temps de reconsolider mes remparts et de lever mes armées, je vais les épaissir et rebâtir immédiatement une tour si haute et si solide que je ne vous verrai même plus, Mme C. Les murs seront si épais que vous pourrez toujours vous époumoner en criant de toutes vos forces, je ne vous entendrai pas, et ma tour sera tellement haute que son sommet transpercera les nuages et que vous disparaîtrez. Je vais fermer tous les ponts-levis et les meurtrières que j'avais commencé à ouvrir peu à peu. De ma tour, vous ne verrez dépasser que le bout des canons et la pointe des flèches noires de mes archers, et derrière eux je vais encore ajouter des catapultes et des arbalètes prêtes à jeter des projectiles enflammés, et lorsque mon pont-levis s'entrouvrira, ce ne sera que pour lâcher des meutes de chevaliers fous juchés sur des destriers enragés aux armures sanglantes accompagnés de dragons enflammés et sanguinaires.

Fort heureusement, ma mère ne me laissera pas reconsolider les fondations de ma tour. Quelques jours après, j'intégrerai une autre école avec une classe unique pour le restant de l'année. Bon vent. Quelques jours après, Mme C. partait en congé de maladie longue durée pour dépression nerveuse. Bon débarras.

Voilà comment à sept ans, l'âge de raison, il s'en fallut de peu pour que je devienne un être de haine emmuré dans la souffrance.

III
LES ANNÉES NOIRES

De la résistance
à la collaboration

Une page se tourne. Fin du chapitre, début d'un autre : le collège. Finie l'école du village. J'étais un grand en CM2, voilà que je vais redevenir un petit, en 6ᵉ. Ça se décline sur quatre niveaux en nombre décroissant, jusqu'à la 3ᵉ. En fait, plus le chiffre diminue, plus tu deviens grand. Notre instituteur nous a prévenus : « Attention, à partir de l'année prochaine, on ne vous fera plus de cadeaux. » Il ne croyait pas si bien dire.

Durant les grandes vacances, je savoure mes derniers instants de tranquillité. Instants trop courts. Nous sommes déjà fin août. Maman m'a proposé de m'inscrire au collège rallié à notre secteur, c'est-à-dire celui que dessert le bus scolaire. C'est plus simple et comme ça on n'aura pas besoin de m'accompagner à la ville, qui est à une douzaine de kilomètres. C'est mieux pour maman et c'est mieux pour moi. Je ne veux pas être un fardeau.

Ma mère nous emmène, ma sœur et moi, dans une grande surface. Il faut acheter les fournitures scolaires. Ça sent bon le neuf et le changement. Je suis assez excité à l'idée de changer de vie. Je déchante vite. Une fois de retour à la maison, tous les livres, stylos, classeurs et cahiers glissés dans mon nouveau cartable, je peine à le soulever. Ma mère le pose sur la balance de la salle de bains : quatorze kilos. Moi, j'en pèse quarante.

Je me suis longtemps demandé pourquoi à l'ère de l'ordinateur, du virtuel et de la dématérialisation, on force les jeunes écoliers à porter un sac pouvant atteindre, pour les plus chétifs, jusqu'à la moitié de leur poids. Je pense aujourd'hui avoir trouvé la réponse : c'est de l'ordre de la volonté politique. Il s'agit de casser la jeunesse, afin de l'empêcher de se révolter. Ainsi elle apprend malgré elle à courber l'échine sous le poids des devoirs et de la culpabilité.

Voici ma nouvelle routine. J'ai peut-être mes petites habitudes et mes rituels, mais je hais la routine.

6h45 : fin du rêve, le réveil sonne.
7h30 : je suis douché, habillé, et mon petit déjeuner est englouti. Ma mère m'accompagne à l'arrêt de bus. Quand c'est l'hiver, on y va en voiture. Arrivés à l'arrêt, je sais qu'une fois de plus je suis dans l'erreur : les autres enfants sont venus seuls. L'hiver, leurs regards essaient de transpercer la buée sur les vitres de la voiture. Je souhaite intérieurement que cette buée se fasse de plus en plus épaisse pour ne plus les voir. Je sais que dans quelques minutes je devrais sortir pour rentrer dans une autre cabine, plus grande, où je serai enfermé avec les autres. Je profite de ces derniers instants, enfermé dans la cabine de buée avec ma mère, une des seules personnes au monde qui m'aime.

7 h 45 : le bus arrive. Même s'il y a de la buée sur les vitres, je n'embrasse surtout pas ma mère devant les autres ; j'ai bien compris que, sinon, on me le ferait payer. Alors je lui serre juste discrètement la main vers le levier du changement de vitesse. Petite pression pour qu'elle me transmette son énergie. À onze ans, je sais maintenant que toute marque d'affection visible est indécente et répréhensible. Je dois être un robot. Une machine. Une machine de guerre. Ça, ce n'est pas ma mère qui me l'a appris. Je l'ai compris moi-même et je l'applique. Je sors de la voiture. J'ai mon cartable de quatorze kilos sur le dos. Il me fait mal. Je ne dois rien laisser paraître de la difficulté. Je le porte en me tenant bien droit. Je suis fort. Je me suis entraîné tout l'hiver en coupant du bois avec mon père. J'ai des tonnes et des tonnes de stères de bois à mon actif. J'ai fendu et j'ai soulevé des bûches bien plus lourdes que ce malheureux cartable.

Je monte dans le bus. Les enfants sont devenus décidément de plus en plus bêtes, futiles et bruyants. Sauf qu'ils sont plus costauds. Les cris résonnent durant tout le trajet, sur le bruit de fond du tube du moment. La radio est toujours branchée sur la même fréquence: celle de la débilité et des supermarchés. Un petit groupe dominant m'a clairement identifié comme étant «le mec un peu bizarre», celui qui n'est pas dans le moule, celui qui ne se soumet pas à leur loi, celui qui affronte leur regard, celui qui ne s'écrase pas devant leur petite milice. En somme: l'homme à abattre. La fête commence. Je subis ma séance de torture quotidienne. Deux fois par jour. Aller et retour.

– Baisse les yeux qu'ils me disent.

Je ne réponds rien et je regarde leur chef droit dans les yeux.

Il me gifle.

Je relève la tête et je lui lance mon regard le plus noir et le plus meurtrier. J'ai appris à regarder les personnes dans le fond de leur âme, tout en acceptant de leur livrer un peu de la mienne en échange. Ç'a été très dur. Et maintenant quelqu'un me demande de baisser les yeux ? Jamais ! Plutôt mourir! Tout le bus baisse les yeux devant cette petite bande. Pas moi. Et pourtant je suis seul. Je n'ai ni gang ni armée. Mon armée est imaginaire et elle se dresse derrière moi prête à écraser ces petits dictateurs, ces petits chefs.

– Baisse les yeux fils de pute.

Je canalise toute ma fureur dans mon regard.

Deuxième gifle, plus forte que la précédente. Je les transperce des flèches de ma haine et de ma colère. Mes yeux leur jettent des éclairs, ils sont deux poignards acérés, je les fusille du regard et je garde la tête haute.

Troisième gifle. Je ne me soumettrai pas. J'ai envie de leur sauter à la gorge, de leur extirper la glotte avec les dents, de leur broyer les testicules et de les arracher pour ensuite les leur jeter au visage. Et pourtant je ne le fais pas. Je ne frappe pas. Toujours j'évite la bagarre: je sais que si je me bats, c'est pour tuer.

Ils voient bien que de me donner des ordres, ça ne sert à rien. Ils ne supportent pas mes yeux de défi, alors ils m'empoignent par la nuque, me forçant ainsi à baisser la tête sous leurs crachats. De l'autre main, ils me frottent vigoureusement le crâne. Ça s'appelle «un shampoing». Ils le font chacun à leur tour. Je suis devenu leur jouet favori. Quand ils me lâchent, mes yeux de braise continuent d'affronter leurs regards bovins, assoiffés de violence et d'humiliation. Je ne lâcherai pas une larme, pas un cri. Rien. Alors ils préfèrent m'attaquer dans le dos, en me faisant des pichenettes durant tout le reste du trajet sur le lobe de l'oreille. Dit comme ça, une pichenette ça n'a l'air de rien, mais à répétition et fait avec vigueur, c'est très désagréable. J'attends patiemment la fin de ce calvaire, rêvant secrètement d'un champ de bataille où je pends leurs troncs à des crocs de boucher après les avoir démembrés. Leurs têtes vivent encore. Évidemment, je ne les achève pas, afin qu'ils contemplent le spectacle sanglant de leurs corps mutilés. Une fois qu'ils auront bien regardé, je leur crèverai les yeux.

Ces trajets infernaux dureront plusieurs mois. Aller et retour. Introduction et conclusion de mes journées de bagne. Un soir, ma mère voit du sang couler des lobes de mes oreilles. Elle me demande si quelqu'un tire dessus. Je dis que non. J'en ai assez d'être un problème. Je ne suis pas une victime. Je n'ai pas besoin de toi ni de personne pour me défendre contre ces brutes. Quand je serai assez grand et fort, je les tuerai tous. Je ne veux plus être protégé par qui que ce soit.

Les soirs passent encore. Comme je ne marche pas très vite à cause de mon cartable trop lourd, les places avant sont souvent prises. Je me retrouve donc dans les rangs intermédiaires où m'attend impatiemment la bande de mes joyeux tortionnaires. Pas une seule fois je ne baisserai le regard. Un soir, n'y tenant plus, je rédige une lettre au président de la République. Je lui fais part de l'état d'esprit déplorable et de la violence qui règne dans les transports scolaires. Je le somme de venir lui-même constater les faits ou bien d'envoyer un de ses ministres sur-le-champ. Je tends le brouillon de ma missive à ma mère. Maman me propose une autre solution : elle trouve le numéro de téléphone du meneur de la bande et l'appelle directement à son domicile pour qu'il cesse ses agissements.

Les trajets qui suivront seront plus calmes, mais le répit sera de courte durée. Le lynchage reprendra avec d'autant plus d'acharnement qu'ils veulent me montrer qu'ils sont les seuls maîtres à bord et que rien ne les arrêtera. Et surtout pas un «fils de pute». Je n'ai que mon regard de haine pour leur résister. Résister encore et toujours. Ma mère décide alors d'alerter les autorités du collège. Je ne suis pas d'accord avec cette solution, mais son choix est fait. Après des convocations musclées dans les bureaux du principal, principal adjoint et conseiller principal d'éducation, leurs agissements cesseront instantanément, comme par magie.

Évidemment, comme je l'avais prévu, les regards assassins et les messes basses remplacent les coups, les insultes et les crachats. On m'appelle «monsieur Horiot». On me vouvoie. J'ai dénoncé. J'ai donné des noms. Sur une liste. Maintenant, je suis un délateur. Tout ça parce que je ne suis pas foutu de me défendre tout seul en exterminant d'un seul coup cinq petites vermines. On me traite de fayot, de rapporteur, de mouchard. Je me déteste encore plus et je ne supporte pas cette nouvelle étiquette collée sur mon front. Marqué au fer rouge. C'est vrai : maintenant je suis un collaborateur. Un collabo. Et moi qui voulais être un résistant…

Discrimination positive

Déclaration solennelle de notre professeur de français par un après-midi d'automne : « Le collège, ce sont les classes où vous décidez si, plus tard, vous serez riches ou pauvres. »

Encore un de ces pieux mensonges civiques. Comme s'il fallait être bon en français pour devenir, par exemple, un grand écrivain. Ma mère a écrit une vingtaine de livres, dont certains sont traduits dans je ne sais combien de langues. Ma mère était nulle en français : zéro pointé à chaque fois. Elle a arrêté l'école à quinze ans, et pourtant elle maîtrise les mots et les phrases incomparablement mieux que ce pantin qui prétend nous enseigner la langue de Molière. Le français, tel qu'il est enseigné la plupart du temps à l'école, sert au contraire à nous dégoûter de la poésie et de la langue. Il s'agit de nettoyer à grands coups d'eau glacée le cerveau des derniers rêveurs afin d'en faire des êtres sérieux, compétitifs et prêts à en découdre pour la première cause venue.

Le professeur de français est très sévère. Il nous apprend beaucoup de choses très difficiles et très inutiles. À chaque début de cours, il y a une interrogation écrite sur la leçon de la veille. Tous ceux qui obtiennent une note inférieure à cinq sur vingt sont collés deux heures le mercredi après-midi. En général, je m'en tire avec juste la moyenne. Passable, comme ils disent. Peut mieux faire. Eh bien non, je ne ferai pas mieux pour vous. Vous me volez déjà assez de mon temps. Douze heures par jour en comptant les devoirs à faire à la maison. Et je ne suis même pas payé en retour. Je n'ai ni temps ni espace pour rêver.

Un matin, le contrôle de routine portait sur les phonèmes et les graphèmes. Le professeur de français avait pour habitude de rendre les copies en ordre décroissant en clamant les notes de chacun à haute voix. Arrive la barre du cinq, et ma copie ne m'a toujours pas été rendue. Je me prépare au pire : l'obligation de passer deux heures de plus de mon temps dans cet enfer. Les sentences tombent. Quatre sur vingt, trois sur vingt... tous les futurs collés reçoivent leur copie. Je suis le dernier. Le professeur pose ma copie sur la table, sans dire ma note, et retourne s'asseoir à son bureau. J'ai deux sur vingt. Le professeur énumère les noms des élèves collés. Mon ventre se serre. Il ne me cite pas. Pourquoi ?

De toute ma scolarité, je n'ai jamais récolté la moindre heure de colle. Je me suis toujours débrouillé pour passer au travers des mailles du filet. Mais pourquoi donc ne suis-je pas collé cette fois-ci ? Sans doute sauvé par mon éternel et immuable dix de conduite ? Je sais très bien qu'il ne s'agit pas d'une faute d'inattention de sa part. Il a posé ma copie sur la table en dernier et sans rien me dire. Veut-il montrer son immense clémence à mon égard ? Ou est-ce mon nouveau statut de collabo qui me vaut ce passe-droit ? Sur le coup, j'éprouve un grand soulagement. Mais même aujourd'hui je ne l'en remercie pas. Moi, quand on me jette des miettes, je ne dis pas merci.

Je sais qu'il a sûrement agi par pitié. La pitié est l'un des sentiments les plus méprisables que je connaisse, et je sens bien que c'est tout ce que j'inspire à la plupart des professeurs du collège. De la pitié ou de l'incompréhension, ou encore les deux à la fois. Je me hais de plus en plus. Des couteaux remuent dans mon estomac, et je ne souhaite qu'une chose : c'est qu'ils finissent par me tuer de l'intérieur, chaque jour un peu plus.

La mangeoire aux cochons

Il est midi vingt. Voici que cette affreuse sonnerie retentit. Tout le monde se lève précipitamment pour se rendre au réfectoire. Dans le hall d'entrée, comme tous les jours, une file d'attente de plusieurs dizaines de mètres avance et s'arrête. Le mouvement est régulé par un feu qui passe du rouge au vert. Une jeune surveillante, comme toujours dépassée par les événements, fait la circulation. Il faut dire qu'elle est seule contre trois cents élèves affamés. Moi, je n'ai pas faim. Sur ma carte de cantine, ainsi que sur toutes les listes d'appel, je suis Horiot Julien. Je suis donc Julien le mort. Et les morts ne mangent pas. Cependant je suis dans l'obligation de pointer. Alors je pointe. Une fois la file d'attente passée, je prends mon plateau au self-service, j'entre dans le réfectoire, je m'assois à une table, je ne touche pas mon plateau, je me lève, je le pose là où il faut le poser, et je vais attendre au CDI (centre de documentation et d'information) ou bien à la bibliothèque la sonnerie qui annonce la suite de ces journées interminables.

Ce jour-là, la file d'attente est particulièrement agitée. Sans doute parce que aujourd'hui le menu affiche du bœuf bourguignon à la cantine ? Allez savoir… Je me suis glissé dans le rang, et comme d'habitude je supporte ces bousculades et bourrades incessantes, tout ça pour aller pointer. Vie absurde. Le feu est resté au rouge anormalement longtemps. Les rangs s'agitent. Le troupeau beugle. La surveillante a de plus en plus de mal à contenir la rage de tous ces estomacs sur pattes qui crient leur gloutonnerie de plus en plus fort.

Le feu passe au vert. Grande vague qui s'agite. Je me raidis, et je lâche prise. Je me laisse entraîner par le mouvement de cette foule carnivore. Voilà que je chavire au gré du courant effréné de cette masse affamée. Je m'abandonne à eux, je me laisse tomber. Le mouvement continue. Je suis piétiné. Je ne me protège pas. Je me livre à eux. Je me donne. Ils marchent sur mon corps avec leurs pieds pressés et impatients. Ils ont faim et je m'offre à eux. Moi, je n'ai plus faim de rien. La surveillante crie. Le mouvement continue. Le feu repasse au rouge. La surveillante fend la foule. Elle me relève.

Elle me demande si je vais bien.
Je lui dis que oui.
Elle me demande si je veux aller à l'infirmerie.
Je dis que non.
Je regagne ma place dans le rang.
J'ai très mal à la cage thoracique et je ne vais pas bien du tout.
J'ai raté ma sortie et, aujourd'hui encore, j'irai pointer.

Lames de rasoir
dans ma bouche

J'ai fait le calcul dans ma tête : 5e, 4e, 3e, c'est l'équivalent de mon CE2, CM1 et CM2. Encore trois ans à tirer. C'est long. Puisque je suis incapable de me défendre par les coups, je vais donc combattre par le langage. Les mots qui sortiront de ma bouche seront mon arme. Une arme redoutable. Ce sont eux qui me sauveront. Ce sont eux qui tueront. Parler pour tuer.

Notre nouvelle professeure de français nous a expliqué la différence entre le langage familier, le langage courant et le langage soutenu. Moi, je parle le langage soutenu. C'est ce qu'on appelle placer la barre très haut. Les autres, eux, ne parlent aucun des trois. Ils parlent, je dirais, le langage grossier et vulgaire. En dessous du langage familier. À la limite de l'audible. Aucune prestance, aucune classe, rien. Juste une bouche pour crier et envoyer des jets d'insultes à tout va.

Quand je suis le destinataire de ces insultes, maintenant je réponds :
— Vous n'êtes pas dignes de mon mépris.
Quand j'en vois un cracher dans les couloirs, je lui dis :
— Économisez donc votre salive, vous en aurez besoin pour apprendre à parler.

Souvent quand je suis au CDI, lieu habituellement calme et silencieux, je raconte des histoires à un petit attroupement qui se fait de plus en plus nombreux et pressant autour de ma table. Même la responsable m'écoute avec attention. Je leur raconte ma vie :
— Je vis dans un grand manoir dont les toits d'ardoise transpercent les cieux. La bâtisse familiale

domine royalement le village du haut de sa montagne. Je suis le seigneur des Louvières. Un des membres de mon auditoire, un grand 3e, m'interrompt :

— Si vous êtes seigneur comme vous l'disez, moi j'comprends pas c'qu'un seigneur comme vous vient foutre dans not'collège pourri ?

— C'est une excellente question. Je suis venu ici afin de constater en personne l'état déplorable de ce collège. Je suis en ces lieux afin de partager avec vous la peine qu'endure la majeure partie des collégiens de France. Croyez bien que j'irai en rendre compte en haut lieu. Soyez assurés que si je m'en mêle, les choses changeront pour un avenir meilleur. Ma détermination à régler ce problème urgent est sans équivoque. Car si je ne le fais pas, qui le fera ?

Ma mère est convoquée peu de temps après par ma professeure de français :

— Madame, il y a un problème : votre fils. Votre fils parle un langage soutenu. Ce serait bien qu'il cesse et qu'il se mette au niveau de ses camarades.

Visiblement, elle a eu vent de ma petite déclaration au CDI. Là-haut, ça n'a pas dû leur plaire du tout. Ma mère me fait part de son entrevue avec la professeure. Elle est complètement abasourdie. Quant à moi, j'entre dans une colère noire. Moi qui ai travaillé si dur pour parler au monde, voici que maintenant ils veulent me confisquer ma langue puisqu'elle ne sied pas à leur médiocrité. Eux qui osent prétendre nous transmettre le savoir, voici qu'ils veulent me réduire au silence par la censure. Preuve irréfutable que le projet de l'Éducation nationale est d'écraser ses enfants sous une chape de plomb, de les formater en les étouffant dans le moule de l'ignorance et de la soumission. Non ! Je ne rentrerai pas dans le moule. Non ! Je ne me soumettrai pas.

Un jour, la professeure de latin m'a traité de petit prétentieux. Madame, aujourd'hui je vous réponds. Ce que vous appelez prétention, moi je l'appelle exigence. Exigence envers moi, exigence envers les autres. N'est-ce pas votre rôle, en tant que grande prêtresse du savoir, d'encourager ceux qui tentent d'échapper à la bêtise de la masse ? Vous préférez les noyer dans un nuage de fange et d'immondices. Alors comme ça vous voulez une grossièreté, un gros mot? Eh bien, j'en ai un tout prêt spécialement pour vous. Je ne vous l'ai pas donné hier, mais dans l'élan de mon extrême générosité, je vous le donne aujourd'hui. Et voyez comme je suis magnanime: pour qu'il n'y ait pas de jaloux, je n'oublie personne.

À toute la corporation des professeurs, proviseurs, sous-proviseurs, principaux et principaux adjoints qui ont toujours raison: «Je vous emmerde!»

Odile

Elle est grande, ses cheveux bouclés sentent la lavande et je devine sa poitrine au travers des mailles blanches de son tricot. Elle a peut-être une trentaine d'années, elle s'appelle Odile, elle est surveillante. Moi j'ai douze ans et je suis en 5ᵉ. Matricule : 5ᵉ 5.

L'élève Horiot Julien de 5ᵉ 5 aime passer du temps avec Odile, la belle Odile. Assis sur un banc au fond de la cour, toujours le même, un peu à l'écart. Ça se passe les mardis et les jeudis, à la pause déjeuner. Ce sont les jours d'Odile. Odile est belle, belle à en crever. Mais Julien sait que jamais il ne pourra l'atteindre. Alors il reste à côté d'elle. Le plus longtemps possible, le plus près possible, mais jamais il ne la touchera.

Ils parlent. Ils parlent de tout. Julien lui dit à quel point il n'aime pas le collège. Odile lui répond que ce n'est pas grave, que ce sera bientôt terminé. Plus tard Julien fera des tas de choses intéressantes, elle en est persuadée. Julien l'imagine sans vêtements toujours en train de lui parler. Tous les deux loin de ce monde-là.

Odile a des talons hauts et de belles jambes. Les yeux de Julien aiment se perdre là où les deux cuisses d'Odile se rejoignent. Peut-être qu'Odile le sait, mais elle ne dit rien. Odile a de grands yeux et Julien se noie dedans. Naufragé, il glisse sur la peau d'Odile et se perd en elle.

Odile s'en ira comme un songe. L'année prochaine elle ne sera plus là. Le banc, lui, est resté. Occupé par d'autres.

Odile a eu raison de partir de cet enfer.
Odile a eu raison de ne pas attendre Julien.
Julien n'en a pas fini avec les monstres.

Je n'en ai pas fini avec vous, vauriens.

Moi et la politique

Je vois bien que tout fout le camp. Hugo n'est pas assez menteur et dissimulateur pour trouver sa place parmi vous. Je me mets alors à observer les menteurs les plus en vogue du moment. La période est idéale pour ça : nous sommes en 1995, en pleine élection présidentielle. Je regarde tous les débats télévisés, je ne manque rien du grand feuilleton, j'observe les duels sanglants à coup de petites phrases assassines. Je note les mimiques, les gestes, les attitudes. J'évalue ce qui est bon et mauvais, ce qu'il faut faire et ne pas faire. Je répertorie avec soin les erreurs à ne pas commettre. J'essaie de voir à quoi ressemble un mensonge réussi. Je dois devenir un virtuose du mensonge, être encore meilleur, ou plutôt pire qu'eux. Finalement, je me dis qu'ils sont un peu dans la même situation que moi au collège: on ne les aime pas et ils méprisent tout le monde en retour. Cependant, ils doivent réussir à engendrer un élan de sympathie massif à leur égard pour survivre. Sinon ils meurent.

Arrive le duel final: Jospin *versus* Chirac. Ça n'a pas loupé: le plus menteur des deux a gagné. J'avais d'ailleurs placé mes billes sur lui en pariant secrètement en moi-même des milliards de dollars sur sa tête. Bonne pioche.

Arrive le mois de septembre. Je suis en 4e et j'ai un projet: je vais prendre le pouvoir. Je suis trop jeune pour être président de la République et puis, de toute façon, la place est prise. Ce n'est pas grave. Je vais me faire les dents en briguant le poste de délégué de la classe. Une campagne, ça se prépare, je l'ai bien vu à la télévision. J'écris mon nom sur des feuilles A4 qui feront office de banderoles et d'affiches. «Votez Horiot.» C'est aussi bête que ça. Certains acceptent même de porter les affiches et de les montrer aux autres dans les rangs ou bien les font passer sous forme de tracts, sous les tables, en classe.

Arrive le jour de l'élection. C'est pendant le cours de dessin. Ironie du sort: ce jour-là, il s'agissait de dessiner son nom sur la feuille. À l'école, jusqu'au bac, on m'a toujours appelé Julien. Mon premier nom sur la carte d'identité et sur les listes. Il a bien fallu que je m'y accoutume. Afin de le supporter, je les laisse s'adresser à un mort. Comme ça je ne suis pas là. Aujourd'hui, j'ai donc dessiné Julien le mort. Un serpent représente le J. C'est un serpent venimeux. Sa langue fourchue dépasse. J'ai fait le plus beau dessin de la classe. Le professeur le montre à tout le monde et l'affiche au tableau. Mon œuvre funéraire suscite l'admiration générale. Je suis confiant. Je suis prêt. Les autres prétendants au poste n'ont fait aucune campagne visible. Le professeur principal demande à chaque candidat de se lever pour prononcer son discours. Je ne me précipite pas, car je sais qu'il faut garder le meilleur pour la fin. Je laisse balbutier les autres avant. Ils passent chacun à leur tour, en y allant à reculons, les yeux dans le vague, incapables d'aligner plus de trois mots à la suite. Pitoyables. Aucun panache, aucun charisme, rien.

Intérieurement je me marre, mais je ne laisse rien paraître. Entre chaque discours, mes voisins de table me tapotent sur l'épaule, me pressant d'y aller. Ils veulent entendre ce que j'ai à dire. Patience, patience. Je jouis intérieurement d'avoir su créer autant d'attente de leur part. En politique, ça s'appelle de la communication.

Ça y est, ils sont tous passés et pas un pour rattraper l'autre. Piteux. C'est maintenant mon tour d'entrer dans l'arène. Je me lève. Aujourd'hui, j'ai mis mon gilet et mon pantalon bleu marine avec une chemise blanche. Je marche droit dans l'allée centrale. Mon cœur bat plus vite que le rythme lent et sûr de mes pas. Mes chaussures sont cirées. C'est l'heure du crime. Ça y est. Me voici devant le grand tableau noir, debout sur l'estrade. On entendrait une mouche voler. L'air est suspendu.

Un léger murmure parcourt la salle de classe. Un temps. J'englobe l'espace. Je me lance :

— Mes chers camarades, mes chers amis.
Vos attentes, je les comprends et je les ressens.
La tâche d'un délégué n'est pas une chose aisée.
C'est une responsabilité importante et capitale.
Le délégué est celui qui agit et non celui qui délègue.
Le délégué doit porter vos espoirs et vos attentes devant le conseil de classe.
Le délégué doit se battre en permanence pour l'intérêt général.
Et vos intérêts sont les miens tout comme les miens sont les vôtres.
Oui, je suis candidat, pour porter cette lourde charge sur mes épaules.
Et je fais ici le serment solennel que vos espoirs feront l'unique objet de ma croisade.
Si vous m'estimez digne de votre confiance, alors faites parler les urnes, afin que je puisse parler en votre nom.

Tonnerre d'applaudissements, acclamation de mon nom, ovation de la foule qui brise soudain le silence tendu. Voici comment emporter les masses sans exposer le moindre programme ni la moindre idée. Ajoutez à cette harangue une pointe de populisme et vous obtenez un discours tout à fait présidentiable.

Le vote commence dans une ambiance électrique. Je suis élu au premier tour par une majorité écrasante. Vingt-trois voix sur trente et une. Plus de 70 % ! Je suis sans doute le délégué le mieux élu de toute l'histoire du collège, et peut-être bien plus encore. C'est une victoire totale. Je savoure mon triomphe, toutefois un peu déçu de ne pas avoir eu à affronter un adversaire à ma taille. Les cinq autres candidats se partagent les miettes. Certains n'ont même aucune voix. C'est parce qu'ils ne se sont donné aucun mal. Ah oui, j'oubliais : il y a deux places de délégués. Une fille est donc élue avec moi, c'est elle qui récolte le plus de miettes : à peu près cinq voix. Elle arbore depuis des années les meilleurs résultats avec dix-huit de moyenne. Elle a toujours été déléguée au fil des années.

Incontestablement la plus méritante et la plus légitime pour ce poste. Cependant son discours a été terne, scolaire et sans vie. Mais les urnes ont parlé : même s'il y a deux délégués, au final, LE délégué, c'est moi. La verve et le verbe, ça paie. J'ai su mettre en scène ma candidature et faire un jeu de cette élection. C'est pour ça qu'ils ont voté pour moi, mais ils ne le savent pas encore. Ils se sont amusés là où ce n'était pas prévu et ils m'en sont reconnaissants.

Évidemment, ils s'imaginent que maintenant je vais me préoccuper de leur avenir et de leurs petits problèmes. J'ai juste voulu me payer une tranche d'évasion sous les paillettes au sein même de ce qu'on appelle la vie scolaire. Moi, je dis la vie carcérale. Pendant que certains tentent vainement de commettre des attentats en brûlant des bouteilles de plastique au milieu de la cour, ne récoltant ainsi que des heures de colle, moi j'élabore en toute impunité un putsch politique. Véritable pied de nez aux yeux et à la barbe de tous. Mais je sais très bien que passée l'ivresse de la victoire, tout redeviendra comme avant. Je réussirai même à devenir le délégué le plus impopulaire qui ait jamais existé. En fait, je redeviendrai tout simplement aussi impopulaire qu'avant, mais avec un titre. Délégué. Délégué des cons. Dans la bouche de ceux qui m'ont élu, ce sera plutôt : « Délégué à la con ».

C'est vrai que délégué, c'est vraiment un poste à la con. Aucun pouvoir, aucune légitimité, rien. Même pas de voiture de fonction. Il faut se taper les conseils de classe où je suis censé défendre ceux qui me font payer tous les jours ma différence, face à ceux qui me reprochent quotidiennement mon décalage. Vraiment merdique. Et de toute façon, à la fin des fins, tous ces faux débats mènent fatalement et toujours à la même conclusion programmée d'avance : « Quoi qu'il arrive, le professeur a toujours raison. » Bon vieux garde-fou pour protéger les plus fous.

Je n'irai pas au terme de mon mandat. Ma mère me retire du collège en cours d'année. Je suis au bord de la dépression, à deux doigts de rejoindre Julien dans la terre noire, enfermé à jamais. Peu de temps avant que ma mère ne me retire de ce sinistre endroit, une fille manifestement un peu trop âgée pour être encore là avait déclaré haut et fort : « Ce type est incroyable, tu le regardes dans les yeux et tu crois qu'il va te fusiller. Ce sera un acteur. J'en suis sûre. » Elle avait vu juste. Seulement voilà, j'étais devenu une machine de guerre tellement acérée que j'étais incapable de ressentir la moindre bienveillance que de rares individus me témoignaient.

À ce moment de ma vie, je maîtrise la communication mais je n'ai plus du tout d'ouverture. Ce n'est pas ici que ça s'arrangera. Plus tard, bien plus tard, j'apprendrai à desserrer les boulons.

IV
LE THÉÂTRE
ET LA TRANSGRESSION

Le géant du cinéma

Je soigne mon désespoir de l'humain à coup de parties d'échecs et de promenades en forêt. Ma mère a pris la sage et vitale décision de me retirer du «bagne». Ça s'appelle le «collège» dans le langage courant. Vacances improvisées et bien méritées. Je sais que des pourparlers sont en cours concernant ma réaffectation dans un autre établissement. En attendant, je savoure le calme éphémère enfin retrouvé.

En de rares occasions, un personnage assez marquant fait irruption dans ma vie. Il est grand, très grand pour son âge. Peut-être même un peu trop grand : il dépasse déjà son père qui lui-même n'est pas de taille négligeable. Ce géant vient à la maison de temps en temps. Il est souvent vêtu du même pull marin à rayures bleues. Pendant que nos parents discutent entre eux, nous jouons aux échecs et nous parlons peu. Ce colosse ne semble pas s'encombrer de paroles inutiles. C'est rare. Nos parties sont très équilibrées, je prends plaisir à jouer avec lui. C'est un adversaire féroce. Ces entrevues ont commencé vers nos huit ans. Elles sont épisodiques, jamais nous ne les provoquons. Ça viendra plus tard. Ce jour-là, j'ai treize ans. Lui, il a un an et trente centimètres de plus que moi. Son nom : Sacha.

Nos parents respectifs discutent. Il est question que j'intègre le même établissement scolaire que « Sacha le géant ». Établissement avec des effectifs réduits à raison d'une classe par niveau. Cette idée me rassure. Mais il y a autre chose. Aujourd'hui, « Sacha le géant » n'est pas venu pour jouer aux échecs. Il a un autre jeu à me proposer. Il s'agit de faire un film. Un film dont je serais le héros. Il y a une raison à tout ça. Dans sa classe de français, ils étudient le livre de ma mère, *Le Petit Prince cannibale*, qui a remporté le prix Goncourt des lycéens quelques années auparavant. Au lieu de faire un exposé classique, un compte rendu bien scolaire comme on attend de lui, « Sacha le géant », jeune réalisateur en herbe, entreprend de tourner un documentaire. Un documentaire avec le « petit prince cannibale » en personne. En voilà un qui n'a pas peur de se faire bouffer. Décidément, il me plaît. En plus, l'idée d'arriver dans ma nouvelle école précédé d'un film où je tiens le rôle principal m'enchante. Deux ans avant, ma mère m'avait demandé d'écrire sur mon enfance. L'intégralité de ce texte, intitulé « Mon cerveau », est paru dans son livre *Surtout ne me dessine pas un mouton*. Cette fois, il ne s'agit pas d'écrire, mais de parler. Parler à la caméra. Je serai l'acteur. Marché conclu.

Avec Sacha, nous commençons sans tarder le tournage. Moteur, ça tourne, action! La machine est lancée. J'emmène Sacha dans les lieux que j'aime. Je lui fais découvrir la forêt de mon enfance. Je lui livre des fragments de mon royaume intérieur. Nous tournons une séquence devant la grotte, une autre dans les bambous, des intérieurs, des extérieurs. Il me pose des questions, je réponds. Et surtout, nous rions beaucoup. Certaines séquences nécessitent au moins six prises tant nous avons de fous rires. On se marre. On se bidonne. Nous sommes pliés en quatre. Bref, on tourne.

Une fois le montage terminé, je me découvre en train de jouer mon propre rôle à l'écran. Le film s'appelle : « Hugo parle de Sylvestre », et c'est un grand film.

Un film est né, une amitié commence. Pour moi, c'est une première. Tourner des films avec de joyeux compagnons deviendra d'ailleurs très vite un de mes jeux favoris. Nous réaliserons beaucoup de navets par la suite, mais au moins nous rirons autant à chaque fois. Aujourd'hui, nous avons rehaussé le niveau et nous filmons avec des caméras plus grosses et avec davantage de complices. Quelquefois, il nous arrive même de trouver des gens assez fous pour nous payer. De mieux en mieux. Ah, cinéma, cinéma... quand tu nous tiens...

Vide à l'intérieur, lisse à l'extérieur
ou
Le looser que l'on prenait pour un caïd

Maintenant je suis au lycée. Je suis invisible. À l'intérieur, j'ai tout enfoui très loin. Tellement loin que je me sens vide. Plus de souvenirs, plus d'avenir. Ils ont gagné. Je ne suis plus qu'une enveloppe insignifiante et sans intérêt. Je ne dérange personne et personne ne me dérange. Les autres me dictent ma conduite. Je n'ai plus la moindre opinion. Rien ne s'agite à l'intérieur de moi. Je suis vide. Je suis le mouvement. Je suis dans la masse. Je me suis relâché. J'ai abandonné. Je ne suis rien. Je parle quand il faut et pour ne rien dire. Personne ne sait rien de moi. Ils m'aiment bien comme ça, alors ils décident de me faire redoubler ma seconde, histoire de me noyer un peu plus dans leur médiocrité.

Ma vie extrascolaire n'a jamais été une grande réussite. Ma mère m'a inscrit au conservatoire dès mon plus jeune âge jusqu'à mes quinze ans. J'ai commencé à jouer du violon, ensuite ce fut le piano, suivi de la clarinette, et pour finir : la contrebasse. Environ deux ans de pratique pour chaque instrument. Je lui suis reconnaissant de cet éveil musical, même si je n'ai jamais pu apprivoiser la musique. Sans doute par mauvaise volonté.

Matin pâle dans la cour du lycée. Nous courons. Le tour de la cour pendant vingt minutes. Je cours. Jusqu'au bout. Rectangle dans le sens inverse des aiguilles d'une montre. J'ai beaucoup de tours de retard. Je cours et je ne vais nulle part. La semaine dernière, c'était le rugby. J'ai plaqué au sol un type qui faisait le double de mon poids. On m'a regardé avec respect. Quand c'est le football, je fais semblant de m'impliquer, mais ça se voit. Je fais perdre mon équipe. Par manque d'intérêt. Alors le jour d'après, je ne fais plus du tout semblant : j'assume. J'assume de n'être tout simplement pas là. Je suis une ombre, une silhouette, un figurant, qui de toute façon ne sera pas retenu au montage. En plus, le film est mauvais et se traîne en longueur.

Élève moyen et introverti. Participation : zéro.

Il y a un endroit où je participe : c'est le club théâtre du mercredi après-midi. Deux heures par semaine. Le théâtre fait renaître le désir chez moi qui n'avais plus envie de rien. Ma mère m'inscrit aussitôt à la classe d'art dramatique du conservatoire régional. Je suis trop jeune pour être inscrit officiellement, alors je suis accepté en auditeur libre. Je ne supporte plus ces impossibilités dues à mon jeune âge. Le théâtre me rend gourmand du monde et des autres. Enfin un endroit où je me sens bien. J'y trouve une exigence assortie d'une bonne humeur. Mon royaume réduit en cendres peut ainsi se reconstruire et danser avec celui des autres. Je sais que ce processus va demander du temps et le lycée me vole le temps dont j'ai besoin.

Je dois m'évader, et vite. Au diable le règlement ! Le théâtre et la transgression seront mon passeport de sortie. Étant donné que le but n'est pas de récolter des heures de colle, qui me voleraient du temps de répétition supplémentaire, ma transgression sera invisible. Je découvre l'alcool et les joints. Ces substances ont le don de faire passer mes interminables journées plus vite. Ça ne les rend pas plus amusantes pour autant. Mais je préfère me dire que je suis le responsable de l'anesthésie momentanée de mon esprit. Quant à mon attention d'autant plus altérée et vaseuse pendant les cours, ça ne change rien puisque je n'écoutais déjà pas avant. J'ai acheté une flasque dans une armurerie. Comme ça je me saoule discrètement toute la journée, dans la cour de récréation. Je bois dès le matin. Du whisky ou de la vodka. Je deviens un spécialiste de la fausse signature. Un véritable faussaire. Ces billets d'absence frauduleux me permettront de m'évader davantage au théâtre. Seul endroit où je garde l'esprit clair.

À la fin de mon année de 1re, qui se résume à quelques menus larcins commis au lycée et à mes échappées belles au théâtre, je suis convoqué avec mes parents dans le bureau de la proviseure. Elle aussi m'appelle Julien avec ses grands sourires et ses tailleurs beiges. À l'école, ils m'ont toujours appelé Julien. Et moi j'ai toujours laissé faire. Ça m'arrange. Comme ça, je ne suis pas là. Je n'ai jamais été avec eux. Je suis dans le bureau, assis entre ma mère et mon père. La directrice me regarde et me sourit.

Je suis accusé d'avoir monté une organisation criminelle de haut niveau s'étendant à tout le lycée.
Je suis accusé d'avoir bâti un empire de la drogue, d'être la référence numéro un en vente de stupéfiants. Le tout, bien évidemment, sans la moindre preuve. Basé uniquement sur une dénonciation anonyme. La république de Vichy a de beaux restes. Mais ça, je le savais déjà depuis longtemps.

Mes parents sont sous le choc. Ma mère joue le rôle de la femme en colère et éplorée. Mon père joue le rôle du moralisateur. Je laisse la directrice faire l'éloge de mes crimes, grossir ceux que j'aurais commis et même en inventer d'autres. Elle dresse un portrait de moi digne d'Al Capone. Madame, c'est vraiment trop d'honneur. Vous me surestimez. Elle me dit que, désormais, elle n'a que faire de mon destin. Ça tombe bien madame, moi, je n'ai que faire du vôtre depuis le début. Au moins nous quitterons-nous avec des sentiments réciproques. Elle m'accuse de «délinquance froide». En effet, il s'agit bien là de délinquance froide. Celle que l'on apprend en observant les plus malins. C'est la délinquance de ceux qui nous gouvernent, nous jugent, et nous abreuvent de psychotropes inutiles. C'est la délinquance la plus rentable et avec laquelle on risque les peines les plus minimes. C'est la délinquance, madame, de tous ceux que vous servez en appliquant sur nous ce que vous appelez le «programme». Cette délinquance, je l'ai apprise chez vous. Seulement vous estimez que je l'aurais mise en œuvre trop tôt et trop vite à votre goût. Quoi que j'aie pu faire, c'était dans un seul et unique but : vous quitter, et par la grande porte. Ce but est enfin atteint : je suis viré. La vie peut reprendre ses droits.

On s'est rencontrés là

Je viens de traverser la France. Je franchis les portes du Théâtre du Jour, à Agen, où j'ai été admis suite à un entretien une semaine plus tôt. En fait, on ne m'a pas vraiment admis. On m'a ouvert les bras. Parce que j'ouvrais les miens. Il y a beaucoup de monde ici. Les murs sont recouverts d'affiches, témoins des spectacles, du bouillonnement et de l'histoire de ce théâtre. Ça sent le café et le croissant. Ici on a faim. Et on va manger. Je suis affamé. Prêt à tout dévorer.

Pierre Debauche, le seigneur des lieux, grand foulard, costume et cheveux blancs, se lève. Il m'accueille. Je viens à lui, grande accolade.

— À 14 heures, tu me rejoins sur le plateau. Nous allons monter *La Demande en mariage*.

Ainsi débute mon aventure théâtrale. Anton Tchekhov. Je commence par *La Demande en mariage*. Je continue par *La Mouette*, en cours je travaille Platonov, que je rêve de jouer un jour. Nous ressuscitons les barricades de la Commune de Paris et Victor Hugo me souffle le texte dans *Marie Tudor*. Je ne cite pas tous les autres, ce serait trop long. Pour la première fois, je respire. Ici, je m'adonne à mon jeu favori : créer des langages. Avec des « nouvelles formes », comme dit Treplev dans *La Mouette*. Un rôle est un langage, l'écriture est un langage, la mise en scène est un langage. Langage d'images, de sons et de signes. Apprendre à lire ses sensations, à jouer et à être joué. Accepter de faire avec l'autre, de partager. Jeux des mots, jeux des corps, jeux des masques. Attention : un masque peut en cacher un autre. Et c'est ça qui est drôle.

Même les catins recousent leurs jupes
ou
L'enseignement de Lucrèce

Imaginez sur scène un comédien et une marionnette, c'est la marionnette qui l'emportera toujours. Si un chat traverse le plateau, l'attention du monde entier sera rivée sur lui. Les acteurs n'ont plus qu'à se rhabiller. Pourquoi? Parce que ni le chat ni la marionnette n'ont besoin de jouer. Le comédien est fragile. Comme les hommes, il doit jouer s'il veut exister. Il n'a pas d'autre choix. Et pourtant, ne rêve-t-il pas d'arriver au degré de présence, de tension et de grâce que le chat atteint sans le moindre effort? Au Théâtre du Jour, il y avait une chatte nommée Lucrèce. Elle avait élu domicile dans les coulisses. Il était courant qu'elle fasse un passage lors des spectacles.

Ce matin, nous sommes assis sur le plateau autour de Pierre Debauche qui nous donne un cours. Il remarque un trou béant d'une vingtaine de centimètres dans le rideau. Il entre dans une colère noire et demande pourquoi sur une troupe de quarante comédiens, aucun n'a eu le réflexe de prendre du fil et une aiguille pour le recoudre. Ce rideau est exposé à la vue du monde entier. Peut-être même que la représentation d'hier s'est déroulée avec ce trou béant. Quelle image misérabiliste et veule de ce théâtre. « Même les catins recousent leur jupe! » nous lance-t-il. Phrase tranchante, mais qui a le mérite de nous mettre face à notre négligence. Que ce soit dans ses discours ou ses écrits, dans ses moments de colère ou de bienveillance, le sens de la formule de Pierre Debauche, en toutes circonstances, m'a toujours impressionné, quand d'autres pouvaient en être choqués. C'est alors que Lucrèce fait son entrée sur le plateau. Elle se positionne devant le trou puis, après un léger temps d'arrêt, elle bondit au travers face à quarante témoins. Un rire contenu parcourt l'assistance. Quelle incroyable réponse à la colère du maître. Réponse théâtrale empreinte de nonchalance et d'une innocente provocation. En plein dans le mille! Aucun comédien n'aurait pu faire ça. La tension retombe et le cours reprend. L'après-midi même, le rideau est recousu.

Le comment du pourquoi

Maintes fois, j'ai eu l'occasion de me rendre compte que beaucoup de comédiens se demandent pourquoi, mais négligent la question du comment.

Pourquoi les protagonistes de cette pièce en sont-ils arrivés à cette situation ?

Comment les protagonistes de cette pièce en sont-ils arrivés à cette situation ?

Le comment est concret, le pourquoi est évasif et souvent ne mène nulle part. Beaucoup de questions ou de situations demeurent inexplicables sous cet angle-là. Si on se penche sur le comment, des éléments concrets apparaîtront. Le comment se base sur les faits, le pourquoi, sur de l'interprétation. Aujourd'hui, on sait de manière de plus en plus précise comment l'univers s'est formé. En revanche, on ne sait toujours pas pourquoi. Je serais très étonné que l'on trouve la réponse un jour, y compris dans un futur lointain.

Le comment relève de l'exactitude. L'exactitude est universelle. Elle s'applique partout, sous forme de mesures de temps et de distances, de géométrie, de paramètres divers. Elle s'applique y compris en dehors de la Terre, dans tout le cosmos, à l'exception des trous noirs et du premier milliardième de seconde après le big bang.

Le pourquoi se préoccupe de la vérité. Qu'y a-t-il de plus personnel et individuel que la vérité ? Elle porte une robe différente pour chacun d'entre nous. Et la vérité de l'un sera le mensonge de l'autre.

Dans une pièce de théâtre, il importe que les comédiens soient d'accord sur la question du comment. C'est ce qui forme une vision cohérente et collective du spectacle. En revanche, chacun aura une vision différente du pourquoi, ce qui est du domaine de l'interprétation. Chacun va glisser la vérité de son rôle dans la mécanique de la cohérence collective. Que ce soit de manière verbale ou tacite, ces vérités s'opposeront individuellement sur scène les unes aux autres. Et cela donnera lieu au plus beau des mensonges : le théâtre. Un mensonge criant de vérité(s). Une pièce où tous les comédiens seraient réglés sur la même vérité ne saurait être un miroir fidèle du monde que nous avons mission de représenter. Ce monde peuplé d'autant de vérités que de personnes. Je ne pourrais pas, je crois, travailler avec un metteur en scène qui tenterait de m'expliquer le pourquoi de mon rôle ou de mes actions. Je le ressentirais comme une censure, un viol de mon intégrité, de ma vision, et une entrave à ma liberté d'acteur.

Épilogue

À tous ceux

À tous ceux qui ont tenté de m'emmurer vivant dans mon silence de mort à jamais.

À tous ceux qui ont voulu m'enfermer dans leurs prisons de verre et leurs salles capitonnées.

À tous ceux qui ont voulu m'assassiner et sacrifier ma mère sur l'autel de l'ignorance et de l'obscurantisme.

À tous ceux qui se drapent d'un savoir sans autre fondement que le dogme.

À tous ceux qui prennent part au génocide de la différence au nom de l'indifférence.

À tous ceux qui sous couvert de fausse science assouvissent leurs fantasmes de tortionnaire.

À tous ceux qui veulent crucifier les mères aimantes puisque pour eux l'amour est obscène.

À tous les inquisiteurs et fondamentalistes qui érigent des chapelles destructrices, malsaines et meurtrières.

À tous les pourfendeurs et peine-à-jouir qui confondent amour maternel avec inceste.

Je dis NON.
Non je n'ai pas été trop aimé par ma mère.

J'ai été aimé.
Et j'ai aimé en retour.

Cannibale toi-même
ou
Ce que j'ai eu la chance de ne pas connaître

Serviettes glacées, équipe de choc, de deux à cinq contre un, la fête peut commencer.

Après l'électrochoc, la lobotomie et la camisole, bienvenue au grand rituel du packing.

Un enfant sans paroles fera l'affaire. Il se débat, il crie, il ne veut pas y aller. Ballet des officiants alternant méthode douce et méthode forte.

Ça prendra le temps qu'il faudra, finalement le voilà couché, maté. Les bras plaqués le long du corps.

L'enfant se retrouve enveloppé dans des langes humides et glacés. Sept jours par semaine pendant plusieurs mois. Momifié. Bandelettes à 5 °C, corps à 33 °C, durant quarante-cinq minutes. Plus si nécessaire.

Pendant que son corps se réchauffe lentement, l'enfant plonge son regard dans celui de ses bourreaux. Son regard habituellement absent.

Peut-être qu'un mot sort de sa bouche froide. Sa bouche muette.

L'officiant en chef dit alors :
— Quel progrès immense !
Sept jours par semaine pendant plusieurs mois.
Tout ça pour ça.
Vous me direz : on a vu pire…

Oui, à Guantánamo.

Éloge de la norme

À force de parler de Julien, j'en viens à me demander s'il ne s'agit pas de quelqu'un d'autre. Il faut dire que j'ai tout fait pour qu'il ne réapparaisse jamais. Je l'ai enterré vivant sous des monceaux de terre noire. Je l'ai asphyxié, décapité jusqu'à presque l'oublier. Je suis même allé jusqu'à nier son existence. Mais je savais que tôt ou tard il ressurgirait.

Dans un bal masqué, on ne peut pas avancer à visage découvert. Le mot normal ne signifie rien C'est un nuage de non-sens. Une supercherie. Et pourtant, j'ai appris à mettre un masque sur ma différence. Dissimulation ? Imposture ? Non. Survie.

Insoupçonnable. Tiens-toi droit. Tiens ton regard. Soutiens celui des autres. Ne bouge pas trop tes mains. Prends ta force dans le sol, et marche. Tu es trop raide. Détends-toi. L'effort doit être invisible. Flegme assorti d'une pointe de sourire intérieur. Voilà. C'est bien.

L'obsession de contrôle qu'a développée Hugo m'a souvent protégé, mais peut aussi me détruire en m'enfermant dans une autre prison. C'est le problème de toute arme : elle peut à chaque instant se retourner contre son détenteur. Et le détenteur, c'est moi.

Au moment de terminer cette histoire, je me sens vide. Les mots se brouillent dans ma tête et forment des phrases incohérentes. Le jaillissement est devenu une source tarie. Le lit de la rivière s'est asséché. Le reflet que j'y voyais n'est plus. Seul le sol aride me fait face.

Je rampe dans un désert. Sans air et sans eau. À bout de forces, à bout de nerfs. Je ferme les yeux et je vois la terre noire

Debout devant son tombeau, Julien demande :
— Qui es-tu ?

Hugo répond :
— Je suis celui qui te fait parler au monde.

Julien :
— Sans moi tu n'es rien.

Hugo :
— Sans moi tu meurs.

Après la tempête

Chaque homme a un orage qui gronde dans sa tête. Parfois si assourdissant que même ses pensées le quittent. Le voilà réduit au silence. Quand l'orage se dissipe, il ne reste qu'un champ de ruines. Vestiges d'un royaume perdu à reconstruire.

Julien s'est réveillé le temps d'un livre. Maintenant il dort paisiblement. Le lierre a envahi sa pierre tombale. Des fleurs poussent sur la terre noire. La tombe est devenue un jardin fertile. Une cage à oiseaux est renversée sur le sol, vide. La tourterelle s'est envolée et chante à nouveau.

L'orage est passé.

Je suis adossé contre mon saule pleureur. Il pleure. Il pleure pour moi.

Le rire, je le garde. J'en ai besoin.

Postface
par Françoise Lefèvre

Mon enfant des abîmes

Trente ans ont passé.

Aujourd'hui Hugo, c'est toi qui écris.
C'est moi qui te lis.

Tu as rédigé ce texte en à peine un mois. En te lisant j'en comprends l'urgence, je découvre ta douleur et ce sont d'abord les larmes qui me viennent. Comment l'enfant que tu as été, un si jeune enfant, mon enfant, a-t-il pu concentrer en lui autant d'énergie pour ne pas vouloir être au monde. De ce monde. À moins que ce ne soit de cette société.

Pour ne pas être au monde et se protéger, comment un petit être d'à peine trois ans peut-il mettre en route une véritable machine de guerre contre lui-même et les autres et, en stratège implacable, organiser son propre chaos ?

On découvre dans ces pages combien d'abîmes, de failles, combien de gouffres tu auras dû éviter. Pour te soustraire aux autres, il t'aura fallu édifier une muraille de Chine, des remparts, des fortifications. Tu avais pris le commandement d'une armée se déployant sur un invisible champ de guerre où tu menais de secrètes opérations.

En redoutable tacticien, tu dirigeais des manœuvres de grande envergure partout où nous nous trouvions. Dans le couloir, la cuisine, l'escalier, la chambre à coucher, mais aussi dans la voiture, la rue, les trottoirs, les squares, les magasins. Il fallait nous concentrer sur chacun de nos pas, contourner les obstacles de ton monde imaginaire. Surtout ne rien écraser. Toi seul connaissais les plans de ton univers et contrôlais le moindre de nos gestes sur ton territoire miné, rempli de pièges secrets. Il y avait là des fusillés, des prisonniers en attente d'être exécutés, des bataillons d'infanterie prêts à tirer, des collines, des ponts, des rivières, des étendards, des chevaux fourbus, des cachots, des prisons. Tout un monde en ordre de marche que toi seul commandais. Dans la cuisine et le long du couloir, il ne fallait pas marcher sur tel carreau, plutôt sur un blanc que sur un noir. En sauter deux. Repasser sur un autre. Sur celui-là, on pouvait rester. Tu guettais la moindre défaillance, surtout quand un visiteur venait chez nous, mais aussi avec des inconnus dans la rue. Ils étaient tout de suite pris en otage. C'est pourquoi les sorties hors de la maison étaient éreintantes. Si on osait s'aventurer sur ton territoire, rempli de contraintes, terriblement organisé, balisé de pièges mortels, de cachots, d'oubliettes, de barricades, de murs infranchissables, de passages obligés, l'explosion de ta fureur me laissait anéantie.

Ce refus de notre monde, je l'ai toujours compris. Je l'ai même admiré. Je t'étais acquise. J'admirais ta capacité à résister. Surtout, je pensais que là où tu étais enfermé – mais où ? –, tu souffrais atrocement.

Alors dans l'épuisement où me laissaient tes colères démentielles, j'essayais de trouver de nouvelles forces pour me battre, non pas contre toi, mais à tes côtés. J'étais certaine que tu comprenais que j'étais ton alliée, que je t'aimais et que jamais je ne te lâcherais. Jamais je ne te livrerais en pâture aux institutions dites «spécialisées». Ils ne me raféraient pas ce que je considérais comme une de mes plus belles histoires d'amour. Moi aussi, je développais mes résistances. Je savais que j'aurais à m'en servir.

Avec toi, j'ai ri parfois. J'ai beaucoup ri. Je n'ai jamais osé le dire, ni l'écrire. Aujourd'hui je le dis et je l'écris.

Je me souviens d'une séance dans une parfumerie au moment de Noël. Tu devais avoir cinq ans. Tu avais décidé d'encercler les comptoirs, présentoirs, clients à l'aide d'une ficelle à cadeau, appelée bolduc, que tu dévidais avec allégresse. Dans la longue fille d'attente, certains clients se laissaient faire un moment, d'autres souriaient vaguement, d'autres enfin étaient excédés, surtout quand tu leur entortillais les chevilles et qu'ils ne pouvaient plus avancer pour régler leurs achats. Je pense que tu les constituais prisonniers. Mais cette fois-ci, tu agissais dans un monde réel et tu allais affronter de vrais otages. Des femmes exaspérées tentaient de se défaire de ce maudit bolduc, te repoussant du pied. Si j'intervenais, je savais que tes cris feraient exploser la boutique, le trottoir et la rue. Je pensais aux pyramides de flacons risquant de s'écrouler, mais je décidai de te laisser te mesurer à tous ces gens afin que tu comprennes, du moins je l'espérais, que les refus ne venaient pas toujours de moi.

J'aide une dame âgée à se défaire de cette ficelle à cadeau qui vient de lui filer un bas. Elle est furieuse. Je suis en train de détruire ton œuvre. J'ose intervenir sur ton champ de guerre. Tu hurles et te vautres à terre. Les réflexions désobligeantes et les critiques pleuvent. On pense que tu es un sale gosse mal élevé, capricieux, insupportable. D'une certaine façon, ils ont raison. Inutile d'expliquer. Inutile. À tout je préfère le silence. J'essaie de te relever, mais tu te débats. Je me retrouve avec un gnome vociférant dans les bras. C'est une lutte. J'arrive à t'extraire du magasin. Je tremble de fatigue. Malgré un froid glacial, je suis en nage. J'essaie de te parler, j'essaie de te calmer, mais tu te jettes sur le trottoir et roules dans le caniveau. Tu pleures et tu pleures. Tu pleures d'impuissance. Tu pleures d'être si petit. Impossible de t'approcher. Impossible de te consoler. Face à tant de souffrance, je ne sais plus quoi faire. Poings serrés au fond des poches, je regarde le ciel. Il est bleu. Mais dur. Vraiment dur.

En 1990, après la publication de mon livre *Le Petit Prince cannibale* (Actes Sud), tu avais alors huit ans, je relatais notre aventure. Ce texte a trouvé une très large audience et a contribué à changer le regard sur l'autisme infantile. J'ai eu beaucoup d'adversaires aussi. Psychanalystes, soignants, associations de parents d'autistes… Il s'est même trouvé une pédopsychiatre, mère d'un enfant autiste, pour déclarer : « Finalement, le livre de Mme L. fait de nous de mauvaises mères. » À l'époque, mais aujourd'hui encore, on pensait, on disait que l'autisme, on n'en sortait jamais. On était nourri des thèses de Bettelheim développées dans son essai : *La Forteresse vide*. Forteresse, oui. Mais pas vide. Habitée. Entièrement habitée.

Terriblement habitée par un être emmuré, sensible, fragile, en danger. De toutes mes fibres, je ressentais cette souffrance atroce, en même temps que son étrangeté. Cette impossibilité de communiquer. Un emmuré vivant, voilà ce que tu étais.

Après une de ces séances à l'hôpital, pauvre et navrante où je sentais l'opprobre sur moi, la mère, j'ai décidé de tout lâcher, de garder mes forces vives pour nous tirer de là. Ne rien leur céder, ne pas se laisser aspirer par ce trou noir. Je créerais des chemins pour aller vers toi. J'inventerais un autre langage. J'entrerais dans ton monde. D'instinct, j'ai appliqué sans même savoir qu'elle existait dans d'autres pays une éducation, une stimulation intensive dès ton premier âge. Il fallait nous tenir loin de tout traitement dit officiel. J'étais révoltée par la suffisance, la mollesse, l'arrogance, la bêtise, l'attitude dogmatique qu'on nous opposait.

Aujourd'hui encore, trente ans après, presque rien n'a changé. On retrouve les mêmes prises en charge inutiles, uniquement fondées sur la psychanalyse, et d'autres pratiques humiliantes, quand elles ne sont pas brutales. Méthodes terriblement inefficaces et attentistes qui ruinent la Sécurité sociale. Comme celle du packing que tu décris dans ton chapitre intitulé : « Cannibale toi-même *ou* Ce que j'ai eu la chance de ne pas connaître ». Cependant, aujourd'hui, on commence à percevoir un frémissement au sein des associations de parents d'enfants autistes et chez certains soignants. On commence à percevoir le bien-fondé de ces méthodes d'éducation intensives ou dites « cognitives » venues d'autres pays.

Lors d'une scène capitale, je dis bien capitale et que tu retranscris dans ce livre, tu exiges que je te donne un autre prénom. Tu as six ans. Je te demande alors pourquoi, lorsque tu étais petit, tu ne voulais ni parler, ni mâcher, ni déféquer, au point d'avoir subi une intervention d'urgence pour occlusion. Tu me réponds : « Parce que je voulais retourner dans ton ventre. » Cette phrase, je l'ai reçue comme un effrayant cadeau. Effrayant pourquoi ? Parce que tu m'as révélé quelque chose d'essentiel, arraché à ta pensée, à ta logique, à ta détresse. Tu m'as dit quelque chose qui me permettait de comprendre ton refus d'être au monde.

Tu m'a donné les clés. J'accepte de t'appeler Hugo. Tu me demandes d'oublier Julien, qui selon tes paroles doit «retourner d'où il vient». C'est Julien qui voulait retourner dans mon ventre, ce n'est pas Hugo. Selon toi, pour qu'Hugo puisse évoluer dans notre monde, il doit abandonner Julien et moi aussi, je dois l'abandonner. Je sais que je devrai accompagner Hugo encore longtemps.

Oui, cette phrase fut un effrayant cadeau, parce qu'à une époque où tout était pollué par le dogme d'une psychanalyse de bazar, je ne pouvais la relater à personne. Qu'aurais-je entendu? Elle veut le garder pour elle. Elle ne veut pas le lâcher. C'est une mère castratrice. Une mère crocodile, etc. Une fois de plus, je me suis tue. J'ai juste pensé au courage qu'il t'avait fallu pour me dire cette phrase et trouver par toi-même un chemin possible. Cette phrase, tu ne l'as jamais redite que dans ce texte que tu viens d'écrire. Trente ans après, tu relates cette scène dans le chapitre «Hugo *versus* Julien». Et tu t'en expliques.

Tu as décidé d'écrire. Qui mieux que toi peut raconter ton histoire ? Qui mieux que toi peut s'en souvenir ? Qui mieux que toi peut l'écrire et en parler ? Dire d'où tu viens.

Aujourd'hui, la polémique fait rage autour de l'autisme. Partisans de la psychanalyse et des méthodes éducatives s'affrontent. On continue à ne pas poser de diagnostic précoce. On continue à gaver les enfants autistes de neuroleptiques. On continue à les enfermer. À ne trouver aucune issue.

Si en te lisant j'ai versé des larmes, j'ai aussi pensé à la joie d'être ta mère. Auprès de toi, j'ai appris la patience, la résistance, la tolérance, l'insolence, Hugo.

À l'âge de six ans tu m'as dit : « Quand je rêve, je bloque une image et j'entre dans mon rêve. Alors je suis libre. » Aujourd'hui, c'est toi qui crées des images. Tu es réalisateur. Comédien. Écrivain.

Bonne route Hugo !

J'ai adoré être ta mère.

TABLE

I. BIG BANG

Des chiffres et des lettres dans les étoiles	13
Les roues et moi	15
Le tracteur	21
Les tuyaux	23
Vert carrelage brillant	29
Plus vite que la lumière *ou* Le jardin des cons	33
Le téléphone rouge	37
Le ventre de maman	41
Bienvenue, sans tambour ni trompette	45
Hermine	47
Emmuré dans l'oubli	49
Mon arbre sur ma planète de sable	53
La guerre des maternelles	57
Coup de pied dans ta tête	67
La pomme	69
Le dictateur et le diplomate	71

La merde en moi et moi dedans	75
Tourterelle mon amour	79
Après-shampoing	83

II. DES CENDRES ET DES RUINES

Comment je suis mort à six ans	91
L'empereur, c'est moi	95
Trajectoire	99
Quand je rêve	101
Des dragons aux humains aux vampires	105
Hugo *versus* Julien	111
La petite fille, l'arbitraire et moi	117
Attention : danger public !	121

III. LES ANNÉES NOIRES

De la résistance à la collaboration	131
Discrimination positive	141
La mangeoire aux cochons	145
Lames de rasoir dans ma bouche	149
Odile	155
Moi et la politique	159

IV. LE THÉÂTRE ET LA TRANSGRESSION

Le géant du cinéma	171
Vide à l'intérieur, lisse à l'extérieur	
ou Le looser que l'on prenait pour un caïd	175
On s'est rencontrés là	181
Même les catins recousent leurs jupes	
ou L'enseignement de Lucrèce	183
Le comment du pourquoi	187

ÉPILOGUE

À tous ceux	193
Cannibale toi-même	
ou Ce que j'ai eu la chance de ne pas connaître	195
Éloge de la norme	197
Après la tempête	201

POSTFACE

Mon enfant des abîmes	205
par Françoise Lefèvre	

Édition : Catherine Meyer
Conception graphique : al@ga
Coordination éditoriale : Maude Sapin
Relecture : Nathalie Sawmy, Marie Sanson
Photogravure : Artisans du Regard (Paris)

Cet ouvrage a été achevé d'imprimer en France
par CPI Bussière à Saint-Amand-Montrond (Cher)
en décembre 2013.
ISBN : 978-2-91336-658-9
Dépôt légal : mars 2013
N° d'impression : 2006963